NR1

LEO BIGGER

NR1

VON LEO BIGGER

ENTDECKE, WER DU BIST –
FINDE DEINEN PLATZ

Impressum **NR 1**

Erste Auflage 2001

Copyright © 2001: Verlag icf-media store GmbH
Hönggerstrasse 117, CH-8037 Zürich

ISBN 3-9521220-7-6

Text: Leo Bigger und Kerstin Hack
Layout und Satz: Cäthe Pfläging, Amt für Gestaltung, D-10435 Berlin
Druck: Schönbach Druck, D-64387 Erzhausen
Printed in Germany

FULL HOUSE! DU BIST EINE NUMMER 1

Gott hat dich einmalig und wunderbar gemacht. Es gibt keinen Menschen, der so ist wie du, der so denkt wie du, so fühlt, so lacht, so empfindet. Niemand ist so wie du! Niemand kann genau die Dinge, die du kannst!

Deine Eltern wollten irgendein Kind – nicht genau dich! Sie konnten sich gar nicht vorstellen, wie du sein würdest. Dich wollte Gott. Als du entstanden bist, gab es einen Wettlauf. Millionen von Samenzellen kämpften darum, als erste anzukommen, zu gewinnen und sich mit der Eizelle zu verbinden und einen Menschen zu schaffen – DICH! Ein Same hat gewonnen. Der Same, in dem deine Erbanlagen, deine Talente, Dein Aussehen hineingelegt sind.

Wow! Du warst die Nummer 1! Du hast diesen Wettlauf gewonnen – weil Gott genau dich auf dieser Welt haben wollte.

Warum macht Gott Menschen so verschieden? Warum sind die einen ziemlich bleich, die anderen bräunlich, die nächsten gelblich und wieder andere schwarz? Warum verhalten wir uns so verschieden?

Gott ist so vielfältig und bunt, so am Leben interessiert, dass gar nicht alles von ihm in einem Menschen Platz hat und deshalb auf die gesamte Menschheit verteilt werden muss. Deshalb sind manche Menschen und ganze Volksgruppen temperamentvoller oder familienbewusster als andere.

Jeder Mensch spiegelt in besonderer Weise bestimmte Facetten von Gottes Ebenbild wider – anders als andere Menschen es tun.

Das ist faszinierend, wunderbar – und gleichzeitig eine Herausforderung, weil es dich vor die Aufgabe stellt, herauszufinden, wie Gott dich gemacht hat. Dann kannst du seine Bestimmung mit Deinem Leben in optimaler Weise ausleben.

George Calver, ein ehemaliger Sklave in den USA, hat einmal gebetet: „Gott zeige mir das Geheimnis der Schöpfung!" Dann wurde ihm klar, dass das zu hoch und zu kompliziert für ihn ist. So betete er „Gott, zeige mir das Geheimnis des Mensch-Seins." Aber auch das war zu hoch und zu kompliziert für ihn. „Gott, dann offenbare mir doch wenigstens das Geheimnis der Erdnuss!"

In den nächsten Jahren erhörte Gott dieses Gebet. Calver erfand die Erdnussbutter, Erdnuß-Massageöl, das gegen Muskelschwund half. Er entwickelte Fleischersatz aus Erdnüssen und dutzende von anderen Dingen, die man mit Erdnüssen machen konnte.

Tausenden von Menschen wurde durch seine Erfindungen geholfen. Calver hatte sich auf die Entdeckungsreise gemacht und herausgefunden, was in einer Erdnuss steckt. Er hatte das Potential, das Gott ihm gegeben hat, voll ausgeschöpft.

Schreibe hier Deinen Namen mit Deiner Schreibhand auf:

Und hier mit der Hand, mit der du normalerweise nicht schreibst:

Menschen, die nicht wirklich wissen, wer sie sind, werden ihr Leben immer „krumm" leben. Menschen, die sich auf die Entdeckungsreise gemacht haben, und herausgefunden haben, was ihre Gaben, ihr Persönlichkeitsstil und ihre Leidenschaften sind, können ihr Leben klarer und effektiver gestalten. Sie leben leichter und spielerischer als Menschen, die ständig versuchen, etwas zu sein, was sie nicht sind.

Sie sind glücklicher, weil sie so leben, wie es ihnen entspricht, und wie Gott, der sie geschaffen hat, sich in ihnen zum Ausdruck bringen will.

DAS GROSSE PUZZLE – ENTDECKE DIE BESTANDTEILE DEINES LEBENS!

Jeder Mensch ist einmalig. Gott hat uns individuell geschaffen. Es gibt niemanden, der so ist wie du! Du bist eine Nummer 1!

„Nr. 1" wird dir helfen, Antworten auf folgende wichtige Fragen zu finden:

⋯⋯> Was tue ich gern? *MEINE LEIDENSCHAFTEN*
  Was mache ich gut? *MEINE GABEN*
  Was tue ich wie? *MEIN PERSÖNLICHKEITSSTIL*
  Was habe ich geübt? *MEINE ERFAHRUNGEN*
  Wo kann ich mich am Besten einbringen?
  MEINE ENTSCHEIDUNG ZUR MITARBEIT

GOTT HAT EINEN GENIALEN PLAN FÜR DEIN „SPIEL DES LEBENS".

Gott liebt die Menschen und wünscht sich, dass alle Menschen ihn kennenlernen. Er möchte, dass sie die Befreiung erfahren, die es durch Jesus gibt.

Er hat beschlossen, seinen Plan gemeinsam mit uns, seiner Kirche, durchzuführen. Gott und wir sind jetzt ein Team mit dem Auftrag, dieser Welt seine Liebe zu bringen.

Du kannst einen unschätzbaren Beitrag dabei leisten, dass Gottes Plan zur Erfüllung kommt. Eph. 4, 11 – 13

Der Zweck unseres Lebens

1. Wir sind geschaffen, um Gott zu kennen und zu lieben: Liebe Gott, den Herrn von ganzem Herzen, mit ganzer Hingabe und mit deinem ganzen Verstand. Mt. 23, 37

2. Wir sind geschaffen, um Menschen Gottes Liebe praktisch zu zeigen: Liebe deinen Mitmenschen so, wie du dich selbst liebst. Mt. 23, 39

3. Wir sollen Freude am Leben haben: Ich bringe allen, die zu mir gehören das Leben und dies im Überfluss. Jesus in Joh. 10, 10

TOPFSCHLAGEN: FINDE DAS, WAS IN DIR STECKT!

Es gibt nichts Schöneres, als Menschen zu erleben, die genau das tun, was sie als ihre Berufung empfinden. Sie strahlen und leuchten und erleben Erfüllung. Menschen hingegen, die gar nicht richtig wissen, wozu sie auf dieser Welt sind, leben letztlich immer am Leben vorbei.

Deshalb ist die Frage „Wozu bin ich berufen?" so entscheidend.

Du bist berufen, Gottes Kind zu sein

In der Bibel steht: Seine eigenen Kinder sollten wir werden durch seinen Sohn Jesus Christus. Das hat Gott schon damals aus Liebe zu uns beschlossen. Epheser 1, 5

Gottes Kinder werden wir, wenn wir an Jesus Christus glauben, unser Leben unter sein Management stellen und mit ihm leben (Johannes. 1, 12).

Wenn wir Gott unser Leben anvertrauen, ihn in unser Leben aufgenommen haben, fließt seine Kraft in unser Leben. Jesus vergleicht die Kraft, die durch uns fließt, wenn wir mit ihm leben mit der Kraft, einer Weintraube, die ihre ganze Energie aus dem Weinstock bezieht: Ich bin der Weinstock, ihr seid die Reben. Wer in mir bleibt und ich in ihm, der bringt viel Frucht. Johannes 15, 5

Du bist berufen, zu Gottes Familie zu gehören

Die Bibel vergleicht die Gemeinde mit einem Körper (Leib), in dem die einzelnen Glieder sich gegenseitig ergänzen und fördern. Wenn du dein Leben Jesus gegeben hast, gehörst du damit automatisch zur Familie der Christen zur Gemeinde Jesu.

Der Apostel Paulus, der im ersten Jahrhundert viele Gemeinden gründete, erklärt das so:

So wie unser Leib aus vielen Gliedern besteht, so besteht auch die Gemeinde Christi aus vielen Gliedern und ist doch ein einziger Leib. Und: „Unser Leib soll eine Einheit sein, in der jeder für den anderen da ist." 1. Korintherbrief 12, 12 und 25

Es ist Gottes Plan, dass wir mit anderen Menschen verbunden sind und unsere Gaben, Talente und unseren Persönlichkeitsstil nutzen, um die anderen zu stärken und zu fördern.

Wenn wir in Gottes Familie dienen, können wir unsere Gaben effektiv einsetzen und trainieren. Gleichzeitig empfangen wir von den anderen Mitgliedern Kraft und Input. Aber wir sind nicht nur füreinander da, sondern auch von Gott berufen, dazu beizutragen, dass noch andere Menschen, die bisher noch nicht zu ihm gehören, Teil seiner Familie werden.

Du bist zu einmaligen Aufgaben berufen
Gott hat ganz bestimmte Pläne und Absichten mit deinem Leben. Er hat Aufgaben vorbereitet, die nur du erfüllen kannst. Die Bibel sagt: Wir sind sein Werk, durch Jesus Christus neu geschaffen, um Gutes zu tun. Damit erfüllen wir nur, was Gott schon immer mit uns vorhatte. Eph. 2, 10

Man kann den Gipfel eines Berges nicht erreichen, wenn man nicht die unteren Regionen durchwandert hat.
Genauso ist es unmöglich, die spezifische persönliche Berufung zur Entfaltung zu bringen, wenn die „Basis" nicht stabil ist.
Darum ist es wichtig, in die Basis - deine Beziehung mit Jesus und der Gemeinde - zu investieren. So wirst du zur vollen Entfaltung deiner persönlichen Berufung finden.

ACTIVITY – DER EINSATZ LOHNT SICH!

Menschen, die ihre Gaben und Talente einsetzen, sind in der Regel glücklicher als Menschen, die sich nur um sich selbst drehen. Mutter Theresa z. B. hat immer innerlich gestrahlt. Das kann man von vielen reichen Popstars, die vom Drehen um sich selbst schon schwindelig im Kopf sind, nicht behaupten.

Gott dienen und die eigenen Gaben und Talente einzusetzen hat positive Auswirkungen:

Gott freut sich
Gott hat dich so geschaffen, wie du bist und er freut sich wie ein Vater über sein Kind, wenn du das Potential, das er in dich hineingelegt hat, voll ausschöpfst.
Er liebt uns so sehr, dass er alles für uns investiert hat, um uns zu retten. Und er freut sich, wenn wir alles investieren, um anderen Menschen seine Liebe zu vermitteln.

Du freust dich
Du blühst auf, wenn du merkst, was in dir steckt. Du spürst: „Wow – dafür bin ich geschaffen! Ich kann etwas einbringen!"
Vieles von Gottes ursprünglichem, perfektem Plan mit deinem Leben konte sich nicht entfalten, solange du ohne ihn gelebt hast.
Durch Jesus wird dein Leben in seiner ganzen Fülle wieder hergestellt. Gottes Leben lebt in uns – wir leben unser Leben mit ihm. Gott, der Vater, freut sich unendlich, wenn du das ganze Potential dessen, was er in dich hineingelegt hat, voll ausschöpfst.
Durch dich soll Gottes Liebe in einzigartiger Weise sichtbar werden. Je mehr du deine Gaben einsetzt, desto stärker erkennst du, wie einzigartig du bist und wie du damit Gott und Menschen dienen kannst.

Andere Menschen freuen sich
Christen, die ihre Talente einsetzen, um anderen zu helfen, demonstrieren den Menschen, wie Gott ist. Sie sind ein Zeugnis für Jesus, der sagt: „Daran wird jedermann erkennen, dass ihr meine Jünger seid, wenn ihr Liebe untereinander habt." Joh. 13, 15

Wenn du das gibst, was nur du geben kannst, werden alle davon profitieren. Wenn du deine Gaben und Talente nicht einsetzt, werden sie verkümmern und anderen Menschen wird etwas Einmaliges fehlen, was nur du geben kannst.

HERZ BUBE - HERZ DAME ...
WOFÜR SCHLÄGT
DEIN HERZ?

AUF DER SCHNITZELJAGD – ENTDECKE DEINE LEIDENSCHAFTEN

Menschen begeistern sich für völlig unterschiedliche Dinge. Ein Mensch findet Fußball klasse, ein anderer Hip Hop, der nächste kann seine ganze Kraft und Energie in Computerprogrammierung stecken, ein anderer kann sich für Sport begeistern und wieder jemand anderes findet nichts schöner, als Räume kreativ zu gestalten.

Es kann sein, dass ein Mensch extrem begabt darin ist, Dinge zu organisieren. Er kann alles mögliche organisieren – von Pop Events bis zu Gemeindeausflügen. Aber richtig glücklich wird er nur dann sein, wenn er seine Gaben in dem Bereich einsetzen kann, der ihn wirklich begeistert – z. B. Beachvolleyball-Turniere organisieren. Leidenschaften sind Dinge, für die sich ein Mensch lang anhaltend begeistern kann.

Jeder Mensch hat verschiedene Leidenschaften. Gott hat uns so gemacht, dass wir uns für manche Dinge interessieren können und für andere nicht. Dinge, die man leidenschaftlich gern tut, tut man in der Regel auch gut, effektiv und ausdauernd.

Arbeitsheft Test 1: Welche Leidenschaften hast du?

Deshalb ist deine Leidenschaft ein wichtiger Hinweis, wenn du herausfinden willst, an welchem Platz du Gott am besten dienen kannst.

FAULES EI – ODER ECHT MOTIVIERT?

Ein Mädchen baute im Kindergarten gemeinsam mit einer Freundin eine Sandburg. Sie nahmen alle vorhandenen Sandförmchen und befestigten sie als Dekoration an den Mauern ihrer Burg.

Als sie fertig waren, rief die Erzieherin alle anderen Kinder zusammen und sagte: „Schaut euch mal diese Sandburg an. Sie haben es wirklich wunderschön gemacht!"

In ihren Worten steckte Anerkennung, Ermutigung, Bewunderung und Annahme.

Sie traf das Herz der kleinen Baumeisterin, die dadurch motiviert wurden, ihre kreativen Fähigkeiten weiter auszubauen.

Noch Jahre später brachte ihr kaum etwas so tiefe Befriedigung wie das Schaffen von kreativen Dingen, die andere Menschen erfreuen.

Motivierende Faktoren

Jeder Mensch braucht Motivation, die entweder von innen (Befriedigung) oder von außen (Motivation durch Menschen oder Dinge) kommt.

Der Wissenschaftler Frederick Herzberg hat neben den bereits genannten Motivationsfaktoren noch einige weitere Faktoren herausgefunden, die Menschen motivieren, etwas gut zu machen:

····⟩ Zukunftsperspektive
Anerkennung
erarbeiteter Erfolg
Befriedigung durch die Tätigkeit
positive Resultate

Die beste Motivation nützt jedoch nichts, wenn das Umfeld nicht stimmt. Deshalb nennt Herzberg auch die Rahmenbedingungen, die für effektive Arbeit nötig sind:

····⟩ angemessene Entlohnung
befriedigende Beziehungen
gute Leitung
effektive Kommunikation

Es ist hilfreich, herauszufinden, welche Dinge für dich motivierend sind. Jemand, der durch Anerkennung motiviert wird, sollte idealerweise mit Menschen zusammenarbeiten, die gerne Komplimente machen. Jemand der durch Erfolg motiviert wird, sollte in einem Bereich mitarbeiten, in dem Erfolg möglich ist.

Arbeitsheft Test 2:
Mit Hilfe dieses Testes
kannst Du klarer erkennen, welche Dinge Dich
motivieren.

ALLE VÖGEL FLIEGEN HOOOOCH – WAGE ZU TRÄUMEN!

„Unsere Sehnsüchte sind unsere Möglichkeiten", sagte der Dichter Robert Browning. Jeder Mensch hat Träume im Herzen. Gott hat uns so gemacht. Gott selbst hat Träume und Visionen vor Augen gehabt, als er die Welt geschaffen hat.

Er hat sich Kängurus und Nilpferde, Giraffen und Schmetterlinge ausgedacht und davon geträumt, wie eine Welt voller Blumen und Berge aussehen würde. Und dann hat er seine Träume verwirklicht und diese Welt geschaffen.

Menschen, die aufgehört haben zu träumen, haben aufgehört zu leben. Manche Menschen flüchten in eine falsche Traumwelt und vergessen, ihr Leben zu leben. Aber echte Träumer gewinnen durch ihre Träume viel Energie. Wissenschaftler, die davon träumen, einen neuen Impfstoff zu entwickeln, geben nicht auf, bis ihr Traum wahr wird.

Mitarbeiter in Flüchtlingscamps sind unermüdlich darin, Spenden einzutreiben, bis jeder ihrer Schützlinge wenigstens eine warme Decke hat.

Evangelisten werden nicht müde, immer wieder von Jesus zu reden, bis wirklich jeder in der Stadt von ihm gehört hat.

Manche Menschen wissen genau, wovon sie träumen. Andere wagen aus Angst, dass es doch nichts wird, ihre Träume gar nicht wahrzunehmen.

Eine Möglichkeit, deine Träume zu entdecken, sind konkrete Fragen. Eine andere ist, sich vorzustellen, was man am Ende seines Lebens erreicht haben will.

Arbeitsheft Test 3: „Entdecke Deine Träume" hilft Dir, Deine Träume zu formulieren

Du darfst träumen!!!
Entdecke den Traum in deinem Herzen – und verwirkliche ihn!

BUCHTIPP
LEO BIGGER "NO LIMITS - TRÄUME GOTTES TRÄUME"
EIN BUCH, DAS RADIKAL MUT MACHT, GROSS ZU TRÄUMEN UND KONKRETE SCHRITTE ZEIGT, TRÄUME AUCH UMZUSETZEN.

2

SCHATZSUCHE...
ENTDECKE DEINE GABEN

ZIELEN, TREFFER, SCHIFF VERSENKT. WO LIEGEN DEINE GABEN VERBORGEN?

Jeder Mensch hat Begabungen und Talente. Es gibt niemanden, der gar nichts kann. Jeder kann irgendetwas gut. Jeder kann bestimmte Dinge besser als andere.
Jeder ist irgendwo die „Nummer 1", hat in mindestens einem Bereich seines Lebens Gaben, die nicht jeder hat. Es kann z. B. die Gabe sein, lustig Witze zu erzählen oder Dinge besonders schön zu gestalten. Vielleicht sind diese Gaben nicht so offensichtlich wie andere Gaben, die sofort auffallen (z. B. gut singen oder reden können), aber sie sind trotzdem einmalig und wertvoll.

Natürliche Gaben

Jeder Mensch hat von seinen Eltern bestimmte Fähigkeiten geerbt oder im Laufe seines Lebens erworben. Der eine kann gut tanzen, ein anderer ist sehr sportlich, der nächste kann geschickt mit technischen Dingen umgehen, jemand anderes hat genau das richtige Gespür für Menschen. Diese Gaben sind wertvolle Geschenke, die Gott uns „in die Wiege gelegt" hat und die wir für ihn und sein Reich nutzen sollen.

Geistliche Gaben

Wenn wir zu Jesus finden, bekommen wir von ihm neue, geistliche Gaben geschenkt. Diese Gaben gibt er uns, damit wir dazu beitragen können, andere Menschen zum Glauben an Jesus zu führen und ihnen zu helfen, in der Beziehung zu ihm zu wachsen.
Manche dieser geistlichen Gaben ergänzen unsere natürlichen Gaben. Es kann zum Beispiel sein, dass jemand der gerne anderen hilft, von Gott die geistliche Gabe der Barmherzigkeit bekommt und seine natürliche Hilfsbereitschaft durch Gottes Barmherzigkeit zu einem effektiven Werkzeug wird, um Menschen für Jesus zu gewinnen.
Es ist aber auch möglich, dass ein Mensch eine bestimmte Gabe von Gott erhält, ohne vorher schon in dieser Richtung begabt gewesen zu sein. Es gibt z. B. völlig unmusikalische Menschen, die nach ihrer Bekehrung musikalische Gaben von Gott geschenkt bekommen – und plötzlich richtig singen können.

②

Es ist wichtig, dass wir verstehen, warum Gott uns diese Gaben gibt:

Gaben sind Geschenke des Heiligen Geistes
Gaben des Geistes werden uns von Gott auf übernatürliche Weise gegeben. Deshalb nennt die Bibel sie auch „Charismata", d.h. Gaben des Geistes.
Gott gibt allen Christen Gaben. Jeder wird damit beschenkt.
„Dies alles bewirkt ein und derselbe Geist. Und so empfängt jeder die Gabe, die Gott ihm zugedacht hat." 1. Kor. 12,11

Gaben sind für die anderen da
Die Gaben, die Gott gibt, sind nicht für den Eigengebrauch gedacht, sondern zum Nutzen der anderen Mitglieder der Gemeinde. Gaben sind nicht dazu da, um sich selbst groß zu machen („seht mal, welche tollen Gaben ich habe"), sondern um sie für andere einzusetzen.
Ein Mensch, der die Gabe der Heilung hat, soll sie einsetzen, um Menschen zu heilen. Ein Mensch mit Gaben der Musik soll sie nutzen, um andere zu erfreuen. Ein Evangelist soll seine Gaben gebrauchen, um andere Menschen zu Jesus zu führen. Alle Gaben sind dazu da, um anderen Menschen zu helfen und zu dienen.
Jeder soll den anderen mit der Begabung dienen, die er empfangen hat. 1. Petr. 4, 10

Gaben sollen eingesetzt werden
„Ja, wenn ich die Gaben hätte, die mein Freund hat, dann könnte ich Gott auch besser dienen!", sagen Menschen manchmal. Das ist Blödsinn. Gott möchte, dass du die Gaben nutzt, die du hast. Er erwartet nicht von dir, dass du ihm mit Gaben dienst, die du nicht hast.
Gott erwartet von einem Apfelbaum nicht, dass er Pfirsiche trägt. Und er erwartet von einem Menschen mit einer bestimmten Gabe nicht, dass er in ganz anderen Bereichen Erfolg hat. Aber er erwartet, dass jeder die Gaben, die er hat, effektiv einsetzt.

Gaben und Charakter

Gott gibt seinen Kindern Gaben als Geschenk. Sie sind keine Belohnung für irgendeine erbrachte Leistung und haben mit geistlicher Reife erst einmal nichts zu tun.

Die Missionarin Jackie Pullinger erzählte, wie eines Tages in einer Situation, in der sie sehr hoffnungslos und entmutigt war, ein ehemalig drogensüchtiger Mann auf sie zukam und ihr sagte, dass Gott ihm etwas gesagt hat, was er ihr weitersagen soll. Er fing an zu erzählen und sprach genau in ihre Situation. Er war erst seit vier Tagen Christ und hatte noch viele Probleme in seinem Leben. Aber Gott hatte ihm die Gabe der Prophetie gegeben, um andere zu ermutigen.

Manche Christen haben Gaben, die sehr auffällig und offensichtlich sind. Das bedeutet jedoch nicht, dass sie bessere Christen oder besonders heilige Menschen sind.

Geistliche Gaben machen niemanden zu einem besonderen Menschen. Nur weil jemand z. B. phantastisch predigen kann oder prophetische Worte weitergibt, heißt das noch lange nicht, dass man ihn in allen Lebensbereichen vertrauen kann.

Man kann den Charakter eines Menschen nicht an den Gaben messen, die er hat. Charakter wächst im Lauf der Zeit. Wenn wir mit Jesus leben, wird sein Charakter in uns sichtbar.

Du hast die Verantwortung für beide Bereiche: Deine Gaben und deinen Charakter. Warte nicht, bis du vollkommen heilig bist (super Charakter), bevor du anfängst deine Gaben einzusetzen. Aber denke auch nicht, dass du ein besonders heiliger und reifer Mensch bist, nur weil du bestimmte Gaben hast.

Nutze die Gaben, die du hast, um anderen zu dienen – auch wenn du noch nicht vollkommen bist. Und lass deinen Charakter von Gott immer mehr umgestalten und verändern, bis er dem Charakter Jesu immer ähnlicher wird.

In Gal. 5, 22 und in 1. Kor. 13 findest du Checklisten, die einen Charakter, der von Gott geprägt ist, beschreiben.

②

Tipp

Schreibe die Charakterchecklisten aus der Bibel ab, setze deinen Namen ein und überprüfe, welche Aussagen auf dich schon zutreffen und in welchen Bereichen deines Charakters du noch Veränderung durch Gottes Geist brauchst.

⋯⟩ Ich, _____ , bin geduldig und freundlich, kenne keinen Neid und keine Selbstsucht. Ich, _____ , prahle nicht und bin nicht überheblich. Ich, _____ , bin weder verletzend noch auf mich selbst bedacht. Ich, _____ , bin weder reizbar noch nachtragend. Ich, _____ , freue mich nicht am Unrecht, sondern freue mich, wenn die Wahrheit siegt. Ich, _____ , ertrage alles, glaube alles, hoffe alles, halte allem stand (nach 1. Kor. 13, 4 – 7).

ICH SEHE WAS, WAS DU NICHT SIEHST... DIE GABEN, DIE GOTTES GEIST UNS GIBT

Gaben des Geistes

Die Bibel erwähnt etwa 20 verschiedene Gaben des Heiligen Geistes. In Röm. 12, 6–8, 1. Kor. 12, 8–10 und Eph. 4, 11-13, finden wir ganze Listen mit den verschiedenen Gaben und Ämtern. Andere Gaben werden verstreut an verschiedenen Stellen der Bibel erwähnt.

Man kann die Gaben je nach ihrer Funktion verschiedenen Gruppen zuordnen:

Kommunikationsgaben,
die helfen, Gottes Wort zu vermitteln
⋯⟩ Prophetie (1. Kor. 14,3)
Evangelisation (Apg. 8, 26)
Lehre (Eph. 4, 12–13)
Gestaltung (2. Mo. 31, 3–11)
Musik (Ps. 150)

Leitungsgaben,
durch die die Gemeinde geführt wird
····⟩ Apostolische Gaben (Eph. 4, 12–13)
    Leiten (Hebr. 13, 7–17)
    Pastorale Gaben (1. Petr. 5, 2–4)

Erkenntnisgaben,
durch die Wahrheit erkannt und angewandt wird.
····⟩ Ermutigung (Apg. 14, 22)
    Weisheit (1. Kor. 2, 1–6)
    Geistliche Unterscheidung (1. Joh. 4, 1–6)
    Erkenntnis (Dan. 1, 17)

Gaben der Liebe,
durch die Menschen in praktischer Weise Gottes Liebe erfahren.
····⟩ Dienen (1. Kor. 12, 28)
    Barmherzigkeit (Luk. 10, 30–37)
    Gastfreundschaft (1. Petr. 4, 9–10)
    Geben (2. Kor. 8, 1-7

Kraftgaben,
die Gottes übernatürliches Handeln freisetzen
····⟩ Heilung (Jak. 5, 14–16)
    Wunder (1. Kor. 12, 10)
    Glaube (Röm. 4, 18–21)

Gebetsgaben,
die den ganzen Leib unterstützen und aufbauen.
····⟩ Sprachengebet und Auslegung (1. Kor. 14, 13-15)
    Fürbitte (Luk. 2, 37)

Ämter

Gott vertraut Menschen, die im Glauben gereift sind, Aufgaben in der Gemeinde an. Die Bibel erwähnt die fünf wichtigsten Ämter, die zusammen den sogenannten fünffältigen Dienst erfüllen, durch den eine Gemeinde aufgebaut wird: Apostel, Propheten, Evangelisten, Hirten und Lehrer.

Ein Apostel ist jemand, der von Gott den grundlegenden Bauplan für die Gemeinde oder einen Dienstbereich erhalten hat.

Propheten erhalten oft von Gott zusätzliche Einsichten, wie in einer konkreten Situation gehandelt werden soll.

In der Bibel werden häufig (z. B. Apg. 13, 1–3) apostolisch – prophetische Powerteams erwähnt, die die Grundlagen für neue Gemeinden gelegt haben. Evangelisten vergrößern die Gemeinde, indem sie neue Leute für Jesus gewinnen. Hirten (oder „Pastor" – nach dem lateinischen Wort dafür) stärken die Gemeinde, indem sie sie versorgen. Und Lehrer schützen die Gemeinde, indem sie die Wahrheit lehren.

Die Hauptaufgabe der Apostel, Propheten, Evangelisten, Hirten und Lehrer ist es nicht, selbst alles apostolische zu tun, selbst zu prophezeien, zu evangelisieren, Leute zu betreuen oder zu lehren. Ihre wichtigste Aufgabe ist, die Gaben und Erfahrungen, die sie haben, effektiv an die Gemeinde weiterzugeben. Sie sollen andere trainieren und fördern.

Dadurch wird die Gemeindearbeit nicht von ein paar Superaposteln und Powerevangelisten gemacht, sondern von Hunderten von trainierten und freigesetzten Menschen, die apostolische, evangelistische, pastorale und alle möglichen anderen Gaben von Gott geschenkt bekommen haben: „Sie alle [= alle fünf Ämter] sollen die Christen für ihren Dienst ausrüsten, damit die Gemeinde Jesu aufgebaut und vollendet werden kann." (Eph. 4, 12).

Es ist wichtig die Gabe (z. B. Lehren) nicht mit dem Amt eines Lehrers zu verwechseln. Nicht jeder, der die Gabe der Evangelisation hat, anderen Leuten effektiv von Jesus erzählen kann, hat automatisch das Amt eines Evangelisten.

Nicht jeder, der eine apostolische Gabe hat ist damit automatisch gleich ein Apostel. Er kann seine Gaben in dem Rahmen einsetzen, den Gott ihm gegeben hat, z. B. indem er mithilft einen neuen Dienst aufzubauen.

Die Gabe legt die Grundlage für ein Amt. Aber ob Gott jemanden in ein bestimmtes Amt beruft, hängt von verschiedenen Faktoren, z. B. von den Lebensumständen und der eigenen Reife ab.

HÄSCHEN IN DER GRUBE – KOMM´ HERAUS UND SETZE DEINE GABEN EIN

Gaben entdecken

Viele Menschen halten die Gaben, die sie haben, für selbstverständlich und sagen Dinge wie: „Es ist doch nichts besonderes. Das kann doch jeder!" Leute mit der Gabe der Evangelisation denken, dass es doch ein Kinderspiel ist, anderen von Jesus zu erzählen. Menschen mit der Gabe des Dienens fallen Dinge leicht, die für andere eine Qual sind.

Gott hat uns gute Gaben gegeben und es enttäuscht ihn, wenn wir diese Talente nicht schätzen und nutzen. Gott freut sich, wenn wir sie entdecken und entfalten. Wenn du konkret weißt, was deine Gaben sind, kannst du sie besser nutzen und entfalten.

Andere Menschen haben sich noch nie Gedanken darüber gemacht und brauchen Hilfe und Unterstützung beim Entdecken ihrer Gaben.

Und wieder andere haben total Angst, dass Gott ihnen eine „furchtbare" Gabe geben wird: „Was ist, wenn ich gerne singe, Gott mir aber die Gabe des Lehrens gibt oder ich mich pastoral um andere Leute kümmern muss!"

Das Wort, in der Bibel für Gaben, die Gottes Geist uns gibt, heisst: „Charismata": Gaben der Gnade. Das Wort leitet sich vom griechischen Wort „char" ab, was Freude heisst. In anderen Worten: Die Gaben, die Gott uns gibt, sollen uns in erster Linie Freude machen.

In der Bibel kann man sehen, dass Gott Menschen entsprechend ihrer Gaben und Persönlichkeit einsetzt. Der Apostel Petrus war ein dynamischer Typ, der gerne Dinge anpackte. Gott hat ihn eingesetzt, um die erste christliche Gemeinde in Jerusalem aufzubauen. Der Apostel Johannes war ein ganz anderer Typ. Er war viel sensibler und hat gerne Zeit in der Nähe von Jesus verbracht, wo er den Herzschlag von Jesus spüren konnte. Ihn hat Jesus eingesetzt, um philosophische Bücher zu schreiben und tiefe Offenbarung von Gott zu empfangen. Jedem gab Gott genau den richtigen „Job", der zu ihrem Charakter und ihren Interessen passte.

Gott ist ein guter Vater. Er gibt uns gute Gaben. Gott kennt uns besser, als wir uns selbst kennen. Er liebt uns und er weiß, wie er die Gaben, die er in uns hineingelegt hat, zur Entfaltung bringen kann.

Gaben akzeptieren

Viele Menschen vergleichen sich mit anderen Menschen – und ziehen dabei immer den Kürzeren. Es wird immer Dinge geben, die andere besser können als du selbst.

Aber es wird immer auch Dinge geben, die du besser kannst als andere. Deshalb höre auf, dich ständig mit anderen zu vergleichen und Gott anzuklagen („warum hast du mich nicht so gemacht wie ...“). Fange an, dich über die Gaben und Talenten zu freuen, die Gott dir gegeben hat. Ein Dichter sagte einmal: „Wenn jemand ein Straßenfeger ist, dann soll er seine Straße so fegen, wie Michelangelo seine Bilder malte, wie Beethoven seine Musik komponierte und wie Shakespeare seine Werke schrieb.“ Egal, was du tust: Tue es mit ganzem Herzen.

Arbeitsheft Test 5:
Hier kannst Du
herausfinden, welche
Gaben Du hast.

PERSONENRATEN – WAS SAGEN ANDERE ÜBER DICH?

Kein Mensch hat ein vollkommenes Bild von sich selbst. Jeder sieht nur einen Teil. Deshalb kann es sehr hilfreich sein, andere Menschen, denen man vertraut, um ihre Meinung zu bitten.
Eine Frau war davon überzeugt, dass sie in Organisation nur mittelmäßig begabt sei. In Wahrheit war sie ein Organisationsgenie, aber sie konnte das selbst nicht erkennen, weil sie so hohe, perfektionistische Ansprüche an sich hatte. Sie brauchte Freunde, die ihr sagten: „du bist ein Genie in dem Bereich!“

Arbeitsheft Test 5b:
Rede mit Menschen, die
Du kennst und fülle das
„Unstrukturiertes Feed-
back“ aus.

Unstrukturiertes Feedback

Komme mit Menschen, die dich kennen ins Gespräch und frage sie: „Wie siehst du mich?“, „Wo liegen deiner Meinung nach meine stärksten Gaben und Fähigkeiten?“ „Wo könnte ich meine Gaben einsetzen?“ „Wie kann ich sie ausbauen?“

Die Kommentare deiner Freunde werden manches bestätigen, was du bereits von dir selbst weißt.

Aber es wird auch spannend sein, durch ihre Kommentare Seiten an dir zu entdecken, die dir bisher noch gar nicht aufgefallen sind. Es ist gut, sich mit reifen Christen zu unterhalten und sie zu fragen: „Was denkst du, was meine Stärken, meine Gaben sind?"

Strukturiertes Feedback

Die Fremdbewertungsbögen im Heft geben Menschen, die dich kennen, die Möglichkeit, die Bereiche zu bestätigen, in denen du wahrscheinlich deine geistlichen Gaben hast.

Damit dieser Teil des Programms dich nicht unnötig aufhält, ist es wichtig, die Fremdbewertungsbögen so rasch wie möglich an deine Freunde zu verteilen.

Gib die Fremdbewertungsbögen im Testheft an drei Menschen weiter, die dich gut kennen.

REISE NACH JERUSALEM – GEHE DEN WEG DER REIFE

Zu wissen, welche Gaben man hat, nützt noch nicht sonderlich viel, wenn man nicht weiß, wie diese Gaben genau aussehen und wie sie am Besten eingesetzt und entfaltet werden können. Dazu ist Verständnis für die Gaben, Training im Ausüben und ein Reifeprozess nötig. Das gilt übrigens nicht nur für Gaben, die du bereits hast, sondern du kannst mit ihrer Hilfe auch Gaben trainieren, die bisher in deinem Leben noch nicht so stark entfaltet sind.

Gaben verstehen

Auf den folgenden Seiten ist jede Gabe kurz beschrieben. Das ist nur ein erster Einstieg, um dir zu helfen, deine Gaben besser zu verstehen und einordnen zu können. Zu jeder Gabe könnte man ganze Bücher schreiben. Lies die angeführten Bibelstellen durch und stelle dir weitere Fragen, um zu entdecken, was Gott sich mit der Gabe gedacht hat, die er dir gegeben hat:

·····⟩ Wie beschreibt die Bibel die Gabe?
Was sind die wichtigsten Charakteristika?

····⟩ Was ist die Hauptaufgabe, die diese Gabe erfüllen soll?
Welche Menschen in der Bibel haben diese Gabe praktiziert?
Welche Menschen in der Gegenwart haben diese Gabe?
Wo kann ich noch mehr über diese Gabe lernen (Bücher,
Kassetten, Seminare, Menschen)?

Gaben aktivieren

Gott schenkt uns seine Gaben. Aber ein Geschenk, das in einer
dunklen Ecke verstaubt, nützt niemandem etwas. Gott will, dass
du deine Gaben aktivierst und einsetzt, um anderen zu dienen.
Gaben sind wie Muskeln. Wir bekommen sie einfach bei unserer
Geburt – oder bei unserer Neugeburt als Christen – geschenkt.
Aber dann kommt es auf uns an, was wir damit machen. Wir können sie einfach „haben" und schlaff an unserem Körper hängen
lassen. Oder wir können sie aktiv trainieren. Wir können Herausforderungen annehmen und stärker werden (vgl. Luk. 16,10).
Je mehr du deine Gaben nutzt, umso stärker und dynamischer
werden sie. Der Apostel Paulus ermutigt seinen Schützling
Timotheus, nicht schlaff zu werden, sondern seine Gaben aktiv zu
nutzen: „Darum bitte ich dich: lass Gottes Gabe voll in dir wirksam
werden." 2. Tim. 1, 7

Der Pastor John Wimber war überzeugt davon, dass Gott ihn gebrauchen wollte, um Menschen zu heilen. Mehr als ein Jahr lang
betete er für jeden Kranken, der ihm „zwischen die Finger" kam.
Keiner wurde geheilt. John steckte sich sogar manchmal mit den
Krankheiten an, die die Leute hatten, für die er betete. Aber nach
einem Jahr geschah die erste Heilung, dann die zweite. Im Laufe
der Jahre sind Hunderte von Menschen – durch seinen Dienst, von
zum Teil unheilbaren Krankheiten, geheilt worden. John blieb
dran, gab nicht auf und setzte seine Gabe ein. Dadurch wurde sie
immer stärker und dynamischer.

Viele Menschen warten auf die „große Gelegenheit" bei der sie
allen anderen beweisen können, welche großartigen Gaben sie
haben. Sie träumen davon, in großen Stadien vor 10.000 Leuten
von Jesus zu erzählen, aber kriegen den Mund nicht auf, wenn ihre Klassenkameraden sie fragen, was sie denn am Sonntag

machen. Die großen Gelegenheiten werden nie kommen, wenn du die kleinen Gelegenheiten nicht nutzt.

Wenn du eine Gabe hast, zu helfen, dann suche nach Gelegenheiten zu helfen. Wenn du eine Gabe hast zu lehren, dann überlege, wie du Menschen, die neu im Glauben sind, Grundlagen des Lebens mit Jesus vermitteln kannst.

Warte nicht auf die „große Gelegenheit", sondern ergreife die vielen Möglichkeiten, die du jetzt hast, um deine Gabe einzusetzen und Gott und den Menschen zu dienen.

Gaben zur Reife bringen

Eine Gabe aktiv zu nutzen, heißt noch lange nicht, dass man alles richtig macht. Es gibt Menschen, die mehr Erfahrungen haben als du und von denen du lernen kannst, wie man am Besten mit der Gabe umgeht.

Du kannst z. B. von Menschen mit langjähriger Erfahrung lernen, wie man ein prophetisches Wort so weitergibt, dass Leute davon nicht erschlagen werden, sondern aufgebaut und herausgefordert sind. Viele Propheten in der Bibel sind erst bei einem erfahrenen Propheten in die Lehre gegangen, bevor sie selbst einen eigenen Dienst angefangen haben.

Oder du kannst von einem Menschen, der seit Jahren die Gabe der Evangelisation praktiziert, lernen, wie man gute Gelegenheiten ergreift, wie man effektiv kommuniziert usw.

Suche nach Menschen, von denen du lernen kannst.

Stelle dir folgende Fragen:

····⟩ Wo fehlt mir die Erfahrung, wie ich richtig mit meinen Gaben umgehen kann?
Welche Menschen haben die gleichen Gaben, die ich habe?
Mit wem möchte ich zusammenarbeiten, um von ihm zu lernen, wie er Dinge anpackt?

GEISTLICHE GABEN:
DIE LEGO-BAUSTEINE DER GEMEINDE

GEISTLICHE GABEN: DIE LEGO-BAUSTEINE DER GEMEINDE IN ALPHABETISCHER REIHENFOLGE

···⟩ Apostolische Gabe
Auslegung von Sprachengebet
Barmherzigkeit
Erkenntnis
Ermutigung
Evangelisation
Geben
Glaube
Geistliches Unterscheidungsvermögen
Gestaltung
Heilung
Helfen
Pastorale Fürsorge
Lehren
Leitung
Musik
Organisation
Prophetie
Wundertaten
Weisheit

APOSTOLISCHE GABE

Allgemeine Bedeutung: Ausgesandt sein.

Beschreibung
Die apostolische Gabe ist die von Gott gegebenen Fähigkeit, Pionierarbeit zu leisten und neue Gemeinden oder Dienstbereiche aufzubauen. Menschen mit dieser Gabe legen die Grundlagen für das Neue, das Gott tun will.

Wichtig
Nicht jeder, der eine apostolische Gabe hat, ist damit schon ein Apostel (siehe Kapitel: „Geistesgaben in der Bibel", besonders den Abschnitt über „Amt").

Bibelstellen
Röm. 1, 5; 1. Kor. 12, 28; Eph. 2, 19; Eph. 3, 5; Eph. 4, 11-12.

Kennzeichen: Menschen mit dieser Gabe
····⟩ - bauen neue Dienstbereiche oder Gemeinden auf,
- leisten gerne Pionierarbeit und passen sich leicht neuen Situationen und Umgebungen an,
- wünschen sich, an Orten oder in Gesellschaftsgruppen, die noch nicht von Jesus erfasst sind, sein Reich zu bauen,
- übernehmen gerne die Verantwortung für neue Bereiche und Dienstgruppen,
- sehen schon am Anfang das große Ganze, das entstehen soll.

Charakteristische Eigenschaften
····⟩ abenteuerlustig
ausdauernd
weitsichtig
ergebnisorientiert
strategisch denkend
anpassungsfähig
risikobereit

Worauf Menschen mit dieser Gabe achten sollten

┄┄> - Sie brauchen Ergänzung durch andere. Sie erkennen oft, was gebaut werden soll und brauchen andere, die ihnen helfen, zu erkennen, wie sie es tun sollen. In der Zusammenarbeit von apostolischen („was") und prophetischen („wie") Menschen steckt großes Potential.

- Sie neigen dazu, andere zu überfordern, die nicht so willensstark und zielstrebig sind wie sie selbst. Sie brauchen die Ergänzung durch pastorale Menschen, die andere „abfangen" können.

- Sie müssen es lernen, nicht zu schnell zu sein („zu puschen"), sondern auf Gottes Zeitpunkt und die Bestätigung durch andere zu warten.

- Sie müssen darauf achten, dass sie ihre Gaben zum Dienst an anderen Menschen einsetzen und nicht, um zu herrschen.

Training

┄┄> Frage Gemeindegründer nach ihren „Erfolgsrezepten" und nach den größten Fehlern, die sie gemacht haben. Lerne von ihnen. Überlege dir, wo du beim Aufbau eines neuen Dienstes mitarbeiten kannst und setze dich dort ein.

BUCHTIPP

BILL HAMMON. APOSTEL UND PROPHETEN. DIE KOMMENDEN BEWEGUNGEN GOTTES. ISBN 3 –930764-05-9

BIOGRAPHIEN VON MÄNNERN UND FRAUEN, DIE APOSTOLISCHE DIENSTE UND PIONIERDIENSTE AUSGEÜBT HABEN: MARTIN LUTHER, GRAF NIKOLAUS VON ZINZENDORF, MISSIONARE...

②

AUSLEGUNG VON SPRACHENGEBET

Allgemeine Bedeutung: übersetzen, interpretieren.

Beschreibung

Das Sprachengebet (manche nennen es auch „Zungenrede") ist die Fähigkeit, in einer Sprache, die der Sprecher nicht kennt, zu reden, zu beten oder Gott zu loben. Dies dient der persönlichen Stärkung des Betenden. Die Gabe der Auslegung des Sprachengebets ist die von Gott gegebene Fähigkeit, eine Botschaft, die jemand in einer fremden Sprache erhalten hat, für die Gemeinde zu interpretieren und verständlich zu machen.

Bibelstellen

1. Kor. 12, 10; 1. Kor. 14, 5; 1. Kor. 14, 26–28

Kennzeichen: Menschen mit dieser Gabe

┈┈⟩ - empfinden, was Gott sagen will, wenn jemand in einer unbekannten Sprache betet,
- bauen die Gemeinde auf, indem sie eine zeitbezogene Botschaft von Gott weitergeben können,
- sind in der Lage, eine Botschaft in einer Sprache, die sie nie gelernt haben, zu verstehen und sie für die Gemeinde zu interpretieren.

Charakteristische Eigenschaften

┈┈⟩ geistlich sensibel
oft auch prophetisch begabt
gebetsliebend

Worauf Menschen mit dieser Gabe besonders achten sollten

┈┈⟩ - Sie sollten vorsichtig mit Ausdrücken wie „so spricht der Herr" sein. Besser ist es zu sagen: „Ich empfinde, dass Gott uns durch das Sprachengebet Folgendes sagen will."

····⟩ - Sie müssen sich dessen bewusst sein, dass alle Erkenntnis immer nur einzelne Teile dessen, was Gott sagen will, erfasst. Paulus nennt das „Bruchstücke" (1. Kor. 13, 12).

- Sie müssen wissen, dass sie „nur" die Verantwortung haben, eine Botschaft weiterzugeben, es aber in der Verantwortung der Zuhörer und der Gemeindeleiter liegt, wie das Gehörte umgesetzt wird.

Training

····⟩ Bitte wenn immer jemand in Sprachen betet (du selbst oder jemand anderes) Gott um eine Auslegung (das bedeutet nicht, dass du die Auslegung auch unbedingt anderen sagen musst!).

Suche nach anderen Leuten, die auch die Gabe der Auslegung von Zungenrede haben. Redet über das, was Gott Euch als Auslegung gibt. Fangt an zu sehen, wie Gott verschiedene Teil-Auslegungen zu einer Botschaft zusammenfügt.

BARMHERZIGKEIT

Allgemeine Bedeutung: Leidenschaftliches Mitgefühl haben.

Beschreibung
Die Gabe der Barmherzigkeit ist die von Gott gegebene Fähigkeit mit Menschen mitzufühlen, die leiden oder in Not sind und ihnen zu helfen.

Bibelstellen
Mt. 5, 7; Mk. 8, 2; Mk. 10, 46–52; Luk. 10, 25–37; Röm. 12, 8

Kennzeichen: Menschen mit dieser Gabe
····} - bemühen sich, den Schmerz von leidenden Menschen zu lindern,
- wenden sich besonders den Menschen zu, die am Rand der Gesellschaft stehen,
- zeigen Menschen in schwierigen Lebensumständen Liebe und Barmherzigkeit,
- interessieren sich für persönliche oder soziale Umstände, die Menschen bedrücken,
- opfern ihre Freizeit, um anderen zu helfen.

Charakteristische Eigenschaften
····} mitfühlend
offen
mitleidend
fürsorglich
freundlich
sensibel
hilfsbereit

Worauf Menschen mit dieser Gabe besonders achten sollten
····} - Sie müssen es lernen, die Lasten, die sie für andere tragen, immer wieder an Gott abzugeben, um nicht daran zerbrechen.

···➤ - Sie sollen nicht nur den Schmerz lindern, sondern
Menschen helfen, die Ursachen für Probleme zu finden und zu
lösen.
- Sie brauchen selbst emotionalen Schutz.
- Sie brauchen die Ergänzung von anderen (z.B. apostolischen
Menschen oder Menschen mit der Gabe der Organisation),
um Menschen umfassend zu helfen.
- Sie brauchen auch Ergänzung durch Menschen (z.B. mit der
Gabe der Unterscheidung der Geister), die ihnen helfen, die
Wurzel von Problemen zu erkennen und nicht nur
oberflächlich-mitleidig zu helfen.

Training
···➤ Bitte Gott um ein barmherziges Herz für Menschen in Not.
Überlege, wer in deiner Umgebung Hilfe braucht und denke
dir konkrete Möglichkeiten aus, wie du diesen Menschen
Mitgefühl und Liebe zeigen kannst.

BUCHTIPP
JACKIE PULLINGER: LICHT IM VORHOF DER HÖLLE.

②

ERKENNTNIS

Allgemeine Bedeutung: Wahrheit erkennen/wissen

Beschreibung
Die Gabe der Erkenntnis ist die von Gott gegebene Fähigkeit, geistliche Wahrheiten zu entdecken und der Gemeinde strukturiert zu vermitteln.

Bibelstellen
Röm. 15, 14; 1. Kor. 12,8; Eph. 1, 16-23; Eph. 3, 14–19

Kennzeichen: Menschen mit dieser Gabe
····⟩ - suchen in der Bibel nach tieferem Verständnis und geistlicher Wahrheit,
- entdecken biblische Wahrheiten neu und wenden sie auf die Situation der Gemeinde an,
- geben ihre Erkenntnisse an andere weiter (Predigten, Tipps für's praktische Leben ...)

Charakteristische Eigenschaften
····⟩ geistlich hungrig
nachdenklich
messerscharf
wahrheitsliebend
eifrig

Worauf Menschen mit dieser Gabe besonders achten sollten
····⟩ - Sie müssen sich vor Stolz schützen (Wissen bläht auf, Liebe baut auf).
- Sie sollen wissen, dass mit zunehmender Erkenntnis auch die Verantwortung, die sie vor Gott tragen zunimmt.
- Sie stehen in Gefahr zu Theoretikern zu werden, das Richtige zu wissen, aber nicht selbst zu tun.

⋯⟩ - Sie dürfen nicht vergessen, dass die Gabe nicht dazu
gegeben ist, um für sich selbst Wissen anzuhäufen, sondern
um dadurch anderen zu helfen und das Reich Gottes zu
bauen.
- Sie müssen sich darum bemühen, die „praktische Seite"
(Evangelisation, dienen, helfen) nicht zu vernachlässigen.

Training

⋯⟩ Nimm dir ein Thema vor und versuche nur mit Hilfe der Bibel
und einer Konkordanz alles herauszufinden, was Gott dazu
sagt. Lies dann nach, was andere zu dem Thema geschrieben
haben und vergleiche deine Ergebnisse mit ihren.
Sammle Information zu Themen, die dich interessieren und
studiere sie systematisch.
Lerne von Menschen, die die Gabe der Erkenntnis haben.
Frage sie, wie sie die Gabe trainiert und erweitert haben.

ERMUTIGUNG

Allgemeine Bedeutung: Mut, Hoffnung und Korrektur vermitteln.

Beschreibung

Die Gabe der Ermutigung ist die von Gott gegebene Fähigkeit, Menschen, die entmutigt oder im Glauben unsicher und angefochten sind, zu stärken, ihnen eine neue Perspektive zu vermitteln und sie zum Handeln zu bewegen.

Bibelstellen

1. Sam. 24, 14–16; Apg. 1, 22–24; Apg. 15, 30–32; Röm. 12, 8

Kennzeichen: Menschen mit dieser Gabe

····⟩ - Haben großes Vertrauen, dass Gott eingreifen wird und fordern Menschen heraus, an die Verheißungen Gottes zu glauben und ihm zu vertrauen,
- ermutigen andere, indem sie biblische Aussagen auf ihr Leben und ihre Situation anwenden,
- motivieren andere Menschen zu geistlichem oder persönlichem Wachstum,
- sehen das Positive an einer Situation

Charakteristische Eigenschaften

····⟩ motivierend
bestärkend
unterstützend
optimistisch
herausfordernd
aufbauend
lebensbejahend
zuversichtlich

Worauf Menschen mit dieser Gabe besonders achten sollten

····⟩ - Sie müssen lernen, nicht nur Optimismus („wird schon
werden") zu vermitteln, sondern die Wahrheit Gottes.
- Allgemeine Hilfen helfen oft nicht weiter. Es ist wichtig,
genau zuzuhören und zu verstehen, was das Problem ist, um
dann einen konkreten Lösungsvorschlag zu vermitteln.
- Sie brauchen die Ergänzung durch andere (z.B. Menschen
mit der Gabe der Erkenntnis).

Training

····⟩ Denke über die Situation von Menschen nach, die dich
beschäftigen und überlege, wo du konkrete und spezifische
Ermutigung geben kannst.
Überlege dir jeden Morgen, wie du an diesem Tag einem
Menschen eine Freude machen, ihn ermutigen kannst (ein
Anruf, ein Geschenk, eine Karte ...).

②

EVANGELISATION

Allgemeine Bedeutung: Die Gute Nachricht verkündigen.

Beschreibung
Nichtchristen das Evangelium so zu vermitteln, dass sie beginnen, an Gott zu glauben und Jesus nachfolgen wollen.

Bibelstellen
Jona 3, 1–5; Apg. 8, 26–40; Röm. 10,14-17; Eph. 4, 11

Kennzeichen: Menschen mit dieser Gabe
⋯⟩ - suchen aktiv nach Gelegenheiten, um mit Nichtchristen über geistliche Themen zu reden,
- pflegen gerne Beziehungen zu ungläubigen Menschen,
- verkündigen das Evangelium begeistert, verständlich und überzeugend,
- fordern Nichtchristen dazu heraus, an Gott zu glauben

Charakteristische Eigenschaften
⋯⟩ begeisterungsfähig
überzeugend
kontaktfreudig
offen
wagemutig
risikobereit
redefreudig

Worauf Menschen mit dieser Gabe besonders achten sollten
⋯⟩ - Sie müssen lernen, Menschen nicht als „Bekehrungs-objekte" zu sehen.
- Sie sollten lernen, Menschen nicht unter Bekehrungsdruck zu setzen, sondern ein Gespür dafür entwickeln, wann der richtige Zeitpunkt für eine Entscheidung ist.

----> - Bekehrung ist nicht alles. Menschen brauchen die Fürsorge einer Gemeinde, um im Glauben stabil zu bleiben und zu wachsen. Deshalb brauchen Evangelisten die Ergänzung durch Andere, besonders durch apostolische und prophetische Menschen, Hirten und Lehrer.

Training

----> Bitte Gott regelmäßig um gute Gelegenheiten, um von ihm zu erzählen. Überlege, wie du deine Botschaft am Besten „in ihrer Sprache" vermitteln kannst.

Suche dir drei bis sechs, für dich besonders wichtige Personen („VIPs") aus, von denen du dir wünschst, dass sie Christen werden. Bete für sie, verbringe Zeit mit ihnen und suche nach guten Möglichkeiten, ihnen auf praktische Art Gutes zu tun und von Jesus zu erzählen.

BUCHTIPP
CHRISTIAN SCHWARZ: GRUNDKURS EVANGELISATION, VERLAG C + P
EIN BUCH MIT VIELEN PRAKTISCHEN TIPPS, WIE MAN (PERSÖNLICHE)
EVANGELISATION LERNEN KANN.

GEBEN

Allgemeine Bedeutung: Anderen von meinem Besitz abgeben

Beschreibung

Die Gabe des Gebens ist die von Gott gegebene Fähigkeit, gerne und freiwillig Geld und andere Mittel für Menschen und für christliche Zwecke zu spenden. Menschen mit dieser Gabe fragen nicht, wie viel sie spenden müssen, sondern, wie viel Geld sie zum Leben brauchen, um den Rest spenden zu können.

Bibelstellen

Lk. 21,1-4; Röm. 12,8; 2. Kor. 8,2–5

Kennzeichen: Menschen mit dieser Gabe

⋯⋙ - gehen so mit ihrem Geld um und schränken ihren Lebensstil ein, dass sie möglichst viel spenden können,
- bringen Opfer, um die Arbeit in der Gemeinde und im Reich Gottes zu unterstützen,
- begegnen praktischen Nöten, die christliche Arbeit blockieren
- stellen ihre Mittel gerne und großzügig zur Verfügung und vertrauen darauf, dass Gott sie versorgt,
- sehen ihren Beruf als Möglichkeit, mit dem verdienten Geld die Arbeit im Reich Gottes zu unterstützen.

Charakteristische Eigenschaften

⋯⋙ großzügig
verantwortungsbewusst
einfallsreich
wohltätig
auf Gott vertrauend
diszipliniert

Worauf Menschen mit dieser Gabe besonders achten sollten

----> - Sie müssen lernen, ihre Gabe zu schätzen und zu sehen,
dass Geld und andere Mittel zu spenden ein geistlicher
Beitrag zum Leib Christi sind.

- Sie müssen immer daran denken, dass die Programme der
Gemeinde durch die dafür Verantwortlichen bestimmt werden
und nicht von den größten Spendern.

- Sie müssen es lernen, eine gesunde Liebe zu sich selbst zu
haben, nicht zu knauserig mit sich selbst zu sein.

Tipp zum Training

----> Verschaffe dir einen Überblick über deine Finanzen.
Entscheide dich, wie viel Geld du neben deinen festen
Verpflichtungen (z. B. Zehnter, s. Mal. 3, 10) weitergeben
willst. Trainiere „aus Glauben geben". Bitte Gott, dir zu
zeigen, wie viel du (einmalig oder regelmäßig) geben sollst,
auch wenn es mehr ist, als du eigentlich geben kannst.
Dann bete konkret dafür, dass du auch in die Lage kommst,
diesen Betrag geben zu können.

BUCHTIPP

OSWALD SMITH: GLÜHENDE RETTERLIEBE, TELOS, ISBN 3870670908.
DAS BUCH IST EIN „KLASSIKER" ÜBER MISSION, ENTHÄLT ABER AUCH
EIN SEHR INSPIRIERENDES KAPITEL ZUM THEMA GEBEN.

②

GEISTLICHES UNTERSCHEIDUNGSVERMÖGEN

Allgemeine Bedeutung: etwas trennen, unterscheiden (differenziert sehen). Andere Bezeichnung: Gabe der Geisterunterscheidung.

Beschreibung

Geistliches Unterscheidungsvermögen ist die von Gott gegebene Fähigkeit, zwischen Wahrheit und Irrtum zu unterscheiden. Es ist die Fähigkeit, zu sehen, was gut oder böse, richtig oder falsch ist. Diese Gabe hilft zu erkennen, welcher Geist in einer Situation am Wirken ist.

Bibelstellen

Mt. 16,21-23, Apg. 16,16-18, 1. Kor. 12, 10

Kennzeichen: Menschen mit dieser Gabe

---> - unterscheiden zwischen Wahrheit und Irrtum, richtig und falsch, zwischen guten und schlechten Motiven,
- erkennen mit großer Genauigkeit, wenn andere Menschen unehrlich sind oder andere täuschen,
- wissen, ob ein Wort wirklich von Gott kommt,
- erkennen Ungereimtheiten in Predigt, prophetischem Reden oder Auslegung,
- sind in der Lage, die Gegenwart des Bösen zu spüren.

Charakteristische Eigenschaften

---> scharfsinnig
einsichtig
intuitiv
sicher in Entscheidungen
herausfordernd
wahrheitsliebend
genau beobachtend

Worauf Menschen mit dieser Gabe besonders achten sollten

----> - Sie können Schwierigkeiten haben, ihre Eindrücke, Gefühle oder Erkenntnisse auszudrücken.

- Sie können zu hart sein, wenn sie andere Menschen mit der Wahrheit konfrontieren, anstatt sie in Liebe weiterzugeben.

- Sie brauchen die Ergänzung durch andere Dienste in der Gemeinde (z.B. Gabe der Barmherzigkeit, Hirtendienst), die Menschen auf eine andere Art begegnen als sie es können.

- Da für sie vieles klar und einleuchtend ist, reagieren sie oft vorschnell. Andere, die nicht so begabt darin sind, geistliche Zusammenhänge zu spüren, sind dadurch oft überfordert.

- Sie müssen lernen sich nicht zu verdammen, wenn ihr innerer Eindruck sie vor Menschen warnt und solche innere Abwehr nicht als Lieblosigkeit interpretieren.

Training

----> Lerne die Bibel gut kennen, um Aussagen anderer Menschen auf ihren geistlichen Wahrheitsgehalt prüfen zu können und sich nicht nur auf deine Gefühle zu verlassen.

Gewöhne dir an, andere Menschen, die in diesem Bereich begabt sind, zu fragen: „Wie hast du diese Aussage / die Ausstrahlung dieser Person empfunden? Was ist deine Einschätzung?"

GESTALTUNG

Allgemeine Bedeutung: künstlerisch etwas formen, Inhalte auf kreative Weise zum Ausdruck zu bringen.

Beschreibung

Die Gabe der künstlerischen Gestaltung ist die von Gott gegebe Fähigkeit mit kreativen Mitteln etwas zu konzeptionieren, gestalten oder zu formen, das Gott ehrt und etwas von seinem Wesen ausdrückt. Menschen mit der Gabe der kreativen Gestaltung haben die Fähigkeit, Sachverhalte, Emotionen oder Konzepte kreativ auszudrücken und umzusetzen. Das kann sich in verschiedenen Bereichen äußern: Kunst, Design, Schreiben, Architektur, Film, Schauspiel, Handwerk etc.

Bibelstellen

2. Mose 31, 1-11; Psalm 45,2;

Kennzeichen: Menschen mit dieser Gabe

⋯⟩ - möchten ihre Umwelt sinnlich verändern,
- drücken ihre Gedanken und Empfindungen am liebsten durch kreativ aus,
- sie wollen Gott mit kreativen Mitteln ehren und andere auf ihn aufmerksam machen,
- es liegt ihnen viel an der richtigen Ausgestaltung von Räumen, Veranstaltungen, Gegenständen,
- sie wollen keine reinen Wortgottesdienste, sondern möchten im Gottesdienst möglichst viele kreative Elemente eingesetzt sehen.

Charakteristische Eigenschaften

⋯⟩ kreativ
ideenreich
enthusiastisch

····⟩ sensibel
spontan
sinnesorientiert
offen für Neues
flexibel
intensiv

Worauf Menschen mit dieser Gabe achten sollten

····⟩ - Sie sind leicht verletzbar und fühlen sich oft von Menschen
mit wenig Gespür für Gestaltung missverstanden.
- Sie müssen darauf achten, dass ihr künstlerisches Tun keine
Selbstdarstellung wird, sondern Gott ehrt.
- Sie müssen lernen, zu sehen, dass künstlerische Gestaltung
ein wichtiger Teil ist, aber nicht das Wichtigste. Sie brauchen
eine Perspektive für das Ganze und die Bereitschaft, sich zu
integrieren.

Training

····⟩ Probiere neue Gestaltungs- und Ausdrucksformen aus, die du
noch nie eingesetzt hast. Versuche dein Repertoire zu
erweitern.
Bilde dich fort, um deine Fähigkeiten zu erweitern.
Rede mit den Leitern deiner Gemeinde und frage sie konkret,
in welchen Bereichen sie deine gestalterische Arbeit schätzen
würden. Unterbreite ihnen deine Ideen.

BUCHTIPP
FRANCIS SCHAEFFER: WIE KÖNNEN WIR DENN LEBEN. AUFSTIEG UND
NIEDERGANG DER WESTLICHEN KULTUR. TELOS, ISBN 3–7751–1038-0.
DAS BUCH SETZT SICH AUS CHRISTLICHE-KONSERVATIVER PERSPEK-
TIVE MIT DEN VERSCHIEDENEN KUNSTRICHTUNGEN, DIE DAS DENKEN
DES ABENDLANDES GEPRÄGT HABEN, AUSEINANDER. ES BIETET GUTE
GRUNDLAGEN, UM KUNSTSTRÖMUNGEN AUS EINER KONSERVATIVEN
PERSPEKTIVE ZU INTERPRETIEREN.

GLAUBE

Allgemeine Bedeutung: Vertrauen haben, Glauben schenken

Beschreibung
Die Gabe des Glaubens ist die von Gott gegebene Fähigkeit, in schwierigen Umständen im Vertrauen auf Gottes Verheißungen zu handeln und unerschütterlich daran zu glauben, dass er seine Versprechen erfüllt.

Bibelstellen
Röm. 4,18-21; 1. Kor. 12,9; Hebr. 11;

Kennzeichen: Menschen mit dieser Gabe
····⟩ - haben Glauben an Gottes Verheißungen in außergewöhnlichen und herausfordernden Situationen,
- stärken und ermutigen andere Christen durch ihr Glaubensleben,
- zeigen mit ihrem Leben eine Haltung des Vertauens in Gottes Willen und seine Verheißungen auch in den schwierigsten Umständen,
- handeln im vollen Vertrauen darauf, dass Gott auch „Berge versetzen" kann,
- bringen die Sache Jesu voran, weil sie im Glauben auch dann vorwärtsgehen, wenn andere stehen bleiben.

Charakteristische Eigenschaften
····⟩ beten gerne
optimistisch
vertrauensvoll
zuverlässig
positiv
unerschütterlich
hoffnungsvoll

Worauf Menschen mit dieser Gabe besonders achten sollten

┄┄⟩ - Sie brauchen Verständnis für andere Christen, die nicht so
viel Glauben haben.

- Sie müssen lernen, Glauben und Verstand nicht gegeneinan-
der auszuspielen und Menschen, die mehr vom Verstand her
planen mit ihrer Gabe zu unterstützen.

- Sie müssen verstehen, dass sie Gott nicht durch ihren
Glauben manipulieren können und dass er immer noch tun
kann was er will.

- Auch Menschen mit großem Glauben brauchen Rat und
Korrektur weiser Christen und sollten sorgfältig darauf
achten, und diesen Rat zu befolgen.

- Sie müssen es lernen, mit anderen zu kooperieren und durch
ihren Glauben die Ziele der ganzen Gemeinde zu unterstützen
nicht nur ihre „eigenen Dinge."

Training

┄┄⟩ Überlege dir, welche Situationen für dich besonders herausfordernd sind. Suche dir eine Situation aus, die schwierig ist
und bitte Gott, dir für diese Situation Glauben zu schenken.
Schreibe Gebetserhörungen in einer Liste auf: Liste auf einer
Seite alle Gebetsanliegen, auf der anderen Seite alle Gebetserhörungen auf. So kann Dein Glaube wachsen.
Schau dir das Leben von „Glaubenshelden" in der Bibel (z.B.
die Personen, die in Hebräer 11 erwähnt werden) und der
christlichen Literatur an und laß dich von ihrem Glauben
inspirieren.

BUCHTIPP
BIOGRAPHIEN VON CHRISTEN, DIE GROSSEN GLAUBEN HATTEN:
GEORGE MÜLLER (WAISENHAUSVATER), LOREN CUNNINGHAM
(GRÜNDER VON JUGEND MIT EINER MISSION) U.V.A.

HEILUNG

Allgemeine Bedeutung: jemandem Heilung von Gott vermitteln

Beschreibung
Die Gabe der Heilung(en) ist die von Gott gegebene Fähigkeit, anderen Menschen wieder zu Gesundheit zu verhelfen und so auf Gottes Macht und Liebe hinzuweisen.

Wichtig
Das Wort hat eigentlich Pluralbedeutung: »Heilungen«, das heißt, dass es eine Bandbreite von verschiedenen Gaben der Heilung einschließt (z.B. verschiedene Krankheiten, emotionale Heilung, Heilung auf der Beziehungsebene etc).

Bibelstellen
Matth. 14, 14; Mk. 2,1-12; Apg. 3,1-8; 1. Kor. 12,9.28+30-1

Kennzeichen: Menschen mit dieser Gabe
····⟩ - zeigen die Macht Gottes,
- bringen kranken Menschen Heilung,
- weisen durch die Heilung auf die Macht Gottes hin,
- beten für andere Menschen, legen ihnen die Hände auf und erleben, dass diese Menschen gesund werden.

Charakteristische Eigenschaften
····⟩ mitleidend
auf Gott vertrauend
gerne betend
voller Glaube
demütig
initiativ
gehorsam
herausfordernd

Worauf Menschen mit dieser Gabe besonders achten sollten:

····⟩ - Sie müssen sich immer wieder bewusst machen, dass es nicht ihr Glaube oder der Glaube des Kranken ist, von dem die Heilung abhängt, sondern dass es letztendlich Gott ist, der heilt.

- Sie sollten sich daran erinnern, dass auch Jesus sich vom Gott hat zeigen lassen, wen er heilen wollte.

- Sie müssen erkennen, dass es in ihrer Verantwortung liegt, ihre Gabe einzusetzen, aber dass es in Gottes Verantwortung, ob und wie er einen Menschen heilt.

- Sie dürfen nicht vergessen, dass es auch für Heilung kein „Schema X" gibt, sondern dass es sie sich in der jeweiligen Situation auf die Führung von Jesus angewiesen sind.

Training

····⟩ Bete für jeden Kranken, der dir begegnet. Das muss nicht immer offensichtlich sein – du kannst z. B. auch in der Öffentlichkeit still für kranke Menschen beten, die du siehst. Bitte Gott, dir seine Liebe und sein Mitgefühl für sie zu geben. Werde – wenn möglich – Teil eines Teams, das regelmäßig für Kranke betet und lerne von anderen Teammitgliedern, die auch die Gabe der Heilung haben.

BUCHTIPP
JOHN WIMBER: HEILUNG IN DER KRAFT DES GEISTES, PROJEKTION J.

HELFEN

Allgemeine Bedeutung: andere Menschen unterstützen

Beschreibung
Die Gabe des Helfens ist die von Gott gegebene Fähigkeit, praktische und notwendige Aufgaben zu erfüllen, die andere entlasten, unterstützen und ihren Bedürfnissen entgegenkommen.

Bibelstellen
Apg. 6,1-4; Röm. 12,7; Röm. 16,1-2; 1.Kor. 12,28

Kennzeichen: Menschen mit dieser Gabe
⋯⟩ - arbeiten im Hintergrund, wo immer sie gebraucht werden, und unterstützen die Gaben und Dienste anderer Menschen,
- sie haben einen Blick dafür, wo praktische Hilfe nötig ist,
- spüren, dass es Gottes Absicht ist und dass er sich darüber freut, wenn sie alltägliche Kleinigkeiten erledigen,
- messen ihrem praktischen Dienst geistlichen Wert bei,
- freuen sich darüber, dass sie andere Menschen entlasten und für Aufgaben freisetzen können.

Charakteristische Eigenschaften
⋯⟩ verfügbar
bereitwillig
hilfsbereit
zuverlässig
treu
einsatzfreudig

Worauf Menschen mit dieser Gabe besonders achten sollten
⋯⟩ - Sie müssen ihre Gabe schätzen lernen und sich bewusst machen, dass sie mit ihren praktischen Fähigkeiten einen geistlichen Beitrag zum Aufbau der Gemeinde leisten.

····⟩ - Sie müssen lernen, auch «nein» sagen zu können.

- Sie müssen bewusst entscheiden, was und wie viel sie machen wollen.

- Sie dürfen Menschen nicht alles abnehmen, wenn sie dadurch negative Verhaltensmuster (Faulheit, mangelnde Initiative, Unselbständigkeit) unterstützen.

Training

····⟩ Überlege dir konkret, wem du praktisch helfen kannst. Biete ihnen unaufdringlich deine Hilfe an.

Frage Menschen, die überlastet sind, nach konkreten Aufgaben, die du ihnen einmalig oder regelmäßig abnehmen kannst. Mache konstruktive Vorschläge. Frage sie immer wie der liebevoll und unaufdringlich, bis sie es gelernt haben, dir zu vertrauen und Aufgaben an dich abzugeben.

Versuche deine praktischen Fähigkeiten zu trainieren, um andere effektiver entlasten zu können (jemand, der z. B. mit dem Computer umgehen kann, ist im Büro in der Regel eine größere Hilfe als jemand, der es nicht kann).

PASTORALE FÜRSORGE

Allgemeine Bedeutung: sich um Menschen kümmern

Beschreibung
Die Gabe der Pastoralen Fürsorge ist die von Gott gegebene Fähigkeit, Menschen zu fördern, für sie zu sorgen sowie sie zu geistlichem Wachstum und zur Reife zu führen, damit sie „Christus immer ähnlicher werden".

Bibelstellen
Joh. 10,1-18; Eph. 4,11-12; 1. Petr. 5,1-4;

Kennzeichen: Menschen mit dieser Gabe
····⟩ - übernehmen die Verantwortung, Menschen auf ihrem Weg mit Gott in ihrem geistlichen und persönlichen Wachstum zu begleiten und zu fördern,
- sind fürsorglich und fühlen sich für das Wohlergehen von einzelnen Menschen oder einer ganzen Gruppe verantwortlich,
- bauen durch lange und intensive Beziehungen Vertrauen und Zuversicht auf,
- schützen und sorgen für andere Menschen mit all ihren Möglichkeiten.

Charakteristische Eigenschaften
····⟩ üben positiven Einfluss aus
fördern andere
prägen durch ihre Fürsorge
führen näher zu Jesus
beschützend
unterstützend
beziehungsorientiert

Worauf Menschen mit dieser Gabe besonders achten sollten:

····} - Sie sollten wissen, dass sie durch ihre Fürsorge das Leben von anderen Menschen stark prägen und ihren eigenen Einfluss nicht unterschätzen.

- Da sie dazu neigen, sich um alle zu kümmern, ist es für einen effektiven Dienst wichtig, dass sie sich entscheiden, um welche Menschen sie sich in besonderer Weise kümmern wollen. Sie sollen u.a. in Menschen investieren, die später selbst andere betreuen können (Multiplikation).

- Pastorale Menschen können den Dienst von apostolischen und evangelistischen Menschen sehr unterstützen, indem sie die Menschen betreuen, die durch den Dienst der anderen zur Gemeinde gekommen sind.

Training

····} Bitte jemanden, der diese Gabe ausübt (z.B. ein Hauskreisleiter oder ein Pastor), dich zu trainieren und dich zu lehren wie du diese Gabe praktisch umsetzen kannst. Arbeite in Bereichen mit, wo du dich um andere Menschen kümmern kannst und ihnen helfen kannst, sich zu entfalten.

BUCHTIPP

DR. DAVID YONGGI CHO: ERFOLGREICHE HAUSZELLGRUPPEN, CHRISTLICHE GEMEINDE KÖLN.

DAS BUCH GEHT NICHT DIREKT AUF DIE GABE DER PASTORALEN FÜRSORGE EIN, BESCHREIBT ABER ANSCHAULICH DEN AUFBAU VON EFFEKTIVER HAUSKREISARBEIT.

LEHREN

Allgemeine Bedeutung: jemanden unterrichten

Beschreibung

Die Gabe des Lehrens ist die von Gott gegebene Fähigkeit, die Bibel zu verstehen und anderen Menschen so verständlich zu machen, dass Zuhörer in die Lage versetzt werden, es im Alltag umzusetzen und anzuwenden.

Bibelstellen

Apg. 18, 24-28; Röm. 12, 7-1; 1. Kor. 12, 28-29; 2. Tim. 2,2

Kennzeichen: Menschen mit dieser Gabe

---> - vermitteln biblische Aussagen so, dass sie andere Menschen zu mehr Gehorsam gegenüber dem Wort Gottes veranlassen,
- sagen der Unwissenheit in der Gemeinde den Kampf an,
- stellen Gottes Pläne und Absichten so dar, dass Menschen sie klar verstehen und ihr Leben auf eine stabile Grundlage stellen können,
- lieben es, die Bibel gründlich zu erforschen und darüber nachzudenken. Sie verwenden viel Sorgfalt auch auf Kleinigkeiten.

Charakteristische Eigenschaften

---> interessiert
diszipliniert
wache Auffassungsgabe
verständlich / können gut erklären
bestimmend
wollen etwas vermitteln
analytisch

Worauf Menschen mit dieser Gabe besonders achten sollten

┈⟩ - Sie sollten Stolz vermeiden, der aus ihrer »höheren«
Bibelkenntnis und ihrem umfangreicheren Verständnis ent
stehen könnte.

- Sie können sich in Einzelheiten verlieren, wenn sie predigen
oder lehren und die praktische Umsetzung vernachlässigen.

- Sie sollten sich bewusst sein, dass das Ziel aller Lehre ist,
Menschen zu mehr Liebe zu motivieren, nicht allein, ihr
Wissen zu erweitern (1. Tim. 1, 5).

Training

┈⟩ Suche aktiv nach Möglichkeiten, Menschen zu lehren. Das
kann in kleinem Rahmen sein (du bringst einer Person die
Grundzüge des Glaubens bei) oder in einer Kleingruppe.

Fange an, zu Themen, die dir wichtig sind, Gedanken und
Lehrkonzepte aufzuschreiben, auch wenn du noch keine
Gelegenheit hast, sie „an den Mann zu bringen."

Lies gute Lehrbücher oder höre Lehrkassetten und überlege
dir: Wie lehrt der Autor? Welche Methoden wendet er an? Wie
baut er Beispiele ein? Wie hält er die Lehre lebendig?

LEITUNG

Allgemeine Bedeutung: jemandem oder einer Einrichtung vorstehen

Beschreibung
Die Gabe der Leitung ist die von Gott gegebene Fähigkeit, Perspektiven zu vermitteln, Menschen zu motivieren und so anzuleiten, dass sie gemeinsam Gottes Ziele erreichen.

Bibelstellen
Lk. 22, 25-26; Röm. 12, 8; 1. Tim. 3 ,1-7

Kennzeichen: Menschen mit dieser Gabe
····⟩ - geben die Richtung in der Gemeinde oder in einem
  Dienstbereich an,
 - motivieren andere Menschen dazu, das Beste aus ihren
  Fähigkeiten herauszuholen,
 - zeigen den anderen, »wo es lang geht« und setzen die
  Maßstäbe für Dienste fest,
 - übernehmen Verantwortung und stecken Ziele.

Charakteristische Eigenschaften
····⟩ haben Einfluss
  starke Persönlichkeiten
  haben Perspektiven
  vertrauenswürdig
  beständig
  können motivieren, begeistern
  zielorientiert

Worauf Menschen mit dieser Gabe besonders achten sollten
····⟩ Sie sollten sich bewusst sein, dass persönliche Glaubwürdigkeit Zeit braucht, um sich zu entwickeln, aber eine wesentliche Voraussetzung für effektive Leitung ist.

·····⟩ - Sie sollten daran denken, dass dienende Leitung das biblische Modell darstellt, in dem der Größte der Diener aller ist.

- Sie sollten nicht an der fixen Idee festhalten, nur in einer Leitungsposition könnten sie ihre Gabe auch ausüben. Man prägt und leitet Menschen vor allem durch Charakter und Vorbild, nicht durch Position.

- Sie brauchen die Ergänzung durch andere (z. B. prophetische oder künstlerische Menschen), die Bereiche abdecken, die sie nicht ausfüllen können.

Training

·····⟩ Frage Leiter, die dir ein Vorbild sind, ob du sie praktisch unterstützen und gleichzeitig von ihnen lernen kannst, studiere das Leben von Jesus, Paulus und anderen Leitern in der Bibel oder der Geschichte und entdecke, wie sie Menschen geleitet haben und mit ihnen umgegangen sind, ein Leiter ist jemand, der in andere investiert. Überlege dir, welchen Menschen du mit dem, was du schon weißt, fördern und trainieren möchtest. Biete ihm/ihr an, sein/ihr Trainer zu werden.

BUCHTIPP

LEIGHTON FORD: LEITEN WIE JESUS, MENSCHEN FÜHREN UND VERÄNDERN. HÄNSSLER, ISBN 3 – 7751 – 2691 – 0

GÜNTER KRALLMANN: LEIDENSCHAFTLICHE LEITERSCHAFT. DER AUFTRAG JESU ZU MISSION. ONE WAY. ISBN 3 – 9277772-70-4

BEIDE BÜCHER ARBEITEN IN HERVORRAGENDER WEISE AUS, WIE JESUS MENSCHEN GELEITET HAT. DAS BUCH VON LEIGHTON FORD ENTHÄLT MEHR ERKLÄRENDE GESCHICHTEN, DAS BUCH VON GÜNTER KRALLMANN IST EIN REINES LEHRBUCH.

MUSIK

Allgemeine Bedeutung: Musik machen und/oder singen.

Beschreibung

Die Gabe der Musik ist die von Gott gegeben Fähigkeit mit der Stimme, Bewegungen (Tanz) oder einem Instrument Gott zu loben. Die Gabe kann z. B. im Kontext von Evangelisation und Prophetie eingesetzt werden, indem Gottes Botschaft durch die Musik ausgedrückt wird.

Bibelstellen

1. Mose 15, 1 u. 20–21; 1. Chr. 25, 1-7; Psalm 150; Kol. 3,15-17

Kennzeichen: Menschen mit dieser Gabe

⋯⋙ - haben große Freude daran, sich durch Gesang oder
Musizieren auszudrücken,
- ehren Gott lieber auf musikalische Art als mit Worten oder praktischen Taten,
- singen oder spielen gerne ein „neues Lied", das sie selbst erfinden oder improvisieren,
- arbeiten für gewöhnlich daran, ihre musikalischen Fähigkeiten zu verbessern,
- nutzen ihre „Musikalität" z. B. im Zusammenhang mit Anbetung, der Sprachenrede und/oder prophetischen Gabe

Charakteristische Eigenschaften

⋯⋙ kreativ
sensibel
musikalisch
offen für Neues
spontan
empfindsam
empfindlich

Worauf Menschen mit dieser Gabe achten sollten

·····⟩ - Sie stehen in der Gefahr, von anderen als Star behandelt zu werden und hochmütig zu werden.

- Sie reagieren oft empfindlich auf Kritik.

- Sie müssen es lernen der Leitung anderer Menschen zu vertrauen, auch wenn sie Dinge anders tun würden.

- Sie sind gelegentlich „begabte Chaoten" und brauchen Disziplin und Ordnung.

- Sie neigen zu starkem Individualismus und müssen es lernen, sich als Teil der Gemeinde zu sehen und nicht als etwas „Besonderes".

Training

·····⟩ Übe, übe, übe (am Besten mit einem fachlich qualifizierten Lehrer).

Besorge dir gute Notenbücher.

Lerne von erfahrenen Musikern. Frage sie: „Wie leitest du Lobpreis? Wie bereitest du dich vor?" usw.

Werde Teil eines Teams (Lobpreisgruppe, Band...), das gemeinsam Musik macht.

BUCHTIPP

GRAHAM KENDRICK: ANBETUNG, VERLAG PJ, 1992, STANDARDWERK ÜBER VIELE WICHTIGE ASPEKTE DER ANBETUNG. ISBN 3 – 925352-17-1

DON GOSSETT: SIEGESKRAFT IM LOBGESANG, LEUCHTER-VERLAG, ISBN 3-87482-055-6. EIN NETTES KLEINES BUCH, DAS ZEIGT, WIE MAN LERNEN KANN IM LOBPREIS ZU LEBEN.

ZUM GLEICHEN THEMA: JUDSON CORNWALL: MIT LOBPREIS LEBEN, VERLAG C.M. FLISS, ISBN 3 922 349 04 8. NICHT NUR FÜR MUSIKER.

MICHAEL COLEMANN UND ED LINPUIST (INTEGRITY'S MUSIC): MIT LOBPREIS UND ANBETUNG DIENEN, ONE WAY VERLAG, ISBN 3-927772-07-0, EBENFALLS EIN STANDARDWERK ZUM THEMA.

KLAUS FISCHER: DER LOWPRICELIGHTER. ASAPH, ISBN 3 – 931025-17-9. HUMORIGE ABHANDLUNG ÜBER DIE FREUNDEN UND LEIDEN EINES LOBPREISLEITERS. ACHTUNG: NICHT JEDERMANNS GESCHMACK.

ORGANISATION

Allgemeine Bedeutung: etwas einrichten, aufbauen oder gestalten.

Beschreibung

Die Gabe der Organisation ist die von Gott gegebene Fähigkeit zu verstehen, wie eine Organisation funktioniert, sowie die spezielle Fähigkeit, Arbeitsabläufe so zu planen und durchzuführen, dass sie den Zielen der Gemeinde dienen.

Bibelstellen

2. Mose 18,13-26; Apg. 6,1-7; 1. Kor. 12,28

Kennzeichen: Menschen mit dieser Gabe

····> - entwickeln Konzepte oder Pläne, um gesteckte Ziele zu erreichen,
- verhelfen anderen in der Gemeinde dazu, effektiver zu arbeiten,
- schaffen Ordnung in organisatorischem Chaos,
- organisieren oder koordinieren eine Vielzahl von Bereichen, damit eine Aufgabe erfüllt oder ein Ziel erreicht werden kann,
- koordinieren Menschen, Aufgaben und Veranstaltungen.

Charakteristische Eigenschaften

····> sorgfältig
objektiv
verantwortungsbewusst
organisiert
zielorientiert
effizient
gewissenhaft

Worauf Menschen mit dieser Gabe besonders achten sollten

┄┄⟩ - Sie müssen offen dafür sein, ihre Organisationspläne an die Gegebenheiten anzupassen oder zu korrigieren, damit sie nicht den übergeordneten Plänen der Gemeindeleitung im Weg stehen.

- Sie können Gefahr laufen, Menschen nur zu gebrauchen, um ihre Ziele zu erreichen, ohne am persönlichen Wachstum dieser Menschen während dieses Prozesses interessiert zu sein.

- Sie können alles perfekt organisieren – auch Dinge, die keinen wirklichen Beitrag zum Aufbau des Reiches Gottes leisten. Sie brauche deshalb die Ergänzung durch Menschen mit anderen Gaben (z.b. apostolische Gaben, Prophetie, Weisheit), um ihre Energie in sinnvolle Projekte zu stecken.

Training

┄┄⟩ Frage Leiter (z. B. Hauskreisleiter oder Gemeindeleiter), ob du ihnen im organisatorischen Bereich behilflich sein kannst.

Lerne effektive Organisationstechniken auf Seminaren (z. B. www.powermanagement.de oder www.tempus.de) oder durch Bücher.

Übe dich darin, Dinge strukturiert zu durchdenken: „Was ist die Aufgabe? In welche Teilbereiche kann man sie aufteilen? Wie kann man das Ganze effektiv organisieren? Wer kann mitarbeiten und Aufgaben übernehmen?"

BUCHTIPP

MARK PORTER: ZEIT PLANEN – SINNVOLL LEBEN. SCHULTE UND GERTH, ISBN 3 – 877739 – 106-0.

ALLE BÜCHER, DIE GUTE MANAGEMENT UND ORGANISATIONSTECHNIKEN VERMITTELN, Z.B. TEMPUS VERLAG, CAMPUS VERLAG ETC.

PROPHETIE

Allgemeine Bedeutung: eine Botschaft von Gott empfangen und weitergeben.

Beschreibung
Die Gabe der Prophetie ist die von Gott gegebene Fähigkeit, die Wahrheit Gottes für eine bestimmte Situation zu erkennen und auszusprechen. Sie soll zu mehr Verständnis, Korrektur, Trost oder Ermutigung führen. Der Inhalt der Botschaft kann sich sowohl auf die Gegenwart als auch auf die Zukunft beziehen.

Bibelstellen
Röm. 12,6; 1.Kor. 12,10.28; 13,2; 2.Petr. 1,19-21

Kennzeichen: Menschen mit dieser Gabe
⋯⟩ - sind sensibel für Gottes Reden durch die Bibel, Bilder, Träume, Empfindungen etc.,
- empfangen von Gott konkrete Botschaften für spezifische Situationen,
- erleben, dass Gott ungewöhnliche Ereignisse benutzt, um zu ihnen zu sprechen,
- spüren, was Gott wichtig ist.

Charakteristische Eigenschaften
⋯⟩ sensibel (empfänglich)
mutig
freimütig
kommunikativ
ermutigend

Worauf Menschen mit dieser Gabe besonders achten sollten
⋯⟩ - Sie müssen sich dessen bewusst sein, dass ihre Erkenntnisse nur ein Teil des Ganzen sind. Sie brauchen die Ergänzung durch andere Dienste im Leib Christi.

····} - Sie müssen lernen, wie man eine Botschaft von Gott
sensibel weitergibt (in Liebe, kreativ, zum Rahmen passend).
- Sie müssen verstehen, dass sie nur für die Weitergabe der
Botschaft zuständig und nicht verantwortlich dafür sind, wie
der Empfänger dann damit umgeht. Sie müssen sich davor
hüten, dominant oder manipulierend zu werden.
- Sie dürfen nicht stolz werden. Stolz könnte sie fordernd oder
entmutigend machen und die Wirksamkeit ihrer Gabe
behindern.
- Sie sollten daran denken, dass alles prophetische Reden mit
der Bibel im Einklang sein muß.
- Sie müssen klar unterscheiden lernen, ob eine Botschaft
wirklich von Gott ist oder ob sie nur ihre eigene Meinung
vertreten. Sie müssen sich der Gefahr des Missbrauchs dieser
Gabe bewusst sein.

Training

····} Bitte Gott regelmäßig, zu dir zu reden. Stelle ihm konkrete
Fragen.
Lies die prophetischen Bücher im Alten und Neuen Testament
und versuche die Bilder und Vergleiche zu verstehen, die
darin verwendet werden.
Unterhalte dich mit anderen prophetisch begabten Menschen
darüber, wie man am besten auf Gott hören und Eindrücke
weitergeben kann.

BUCHTIPP
STEVE THOMPSON: ALLE KÖNNEN PROPHETISCH REDEN. SCHLEIFE
VERLAG, SCHWEIZ.
KERSTIN HACK: MEHRERE ARTIKEL MIT HILFREICHEN TIPPS ZUM
THEMA PROPHETIE LERNEN AUF WWW.DOWN-TO-EARTH.DE
(UNTER „ARTIKEL")

WEISHEIT

Allgemeine Bedeutung: Wahrheit praktisch anwenden

Beschreibung
Die Gabe der Weisheit ist die von Gott gegebene Fähigkeit, allgemeine und geistliche Wahrheiten so anzuwenden, dass sie Hilfe in einer konkreten Not oder in einer besonderen Situation bringen.

Bibelstellen
1. Könige 3, 16-28; 2. Chr. 1, 12; Jer.9,23-24; 1. Kor. 2,3-14;1. Kor. 12,8; Jak. 3,13.18

Kennzeichen: Menschen mit dieser Gabe
····} - erkennen die noch nicht sichtbaren Konsequenzen, einer Handlung,
- erhalten ein besonderes Verständnis, wie den Nöten einer Gemeinde oder einzelner Personen praktisch begegnet werden kann,
- geben praktischen, nachvollziehbaren Rat, wie eine komplizierte Situation entwirrt werden kann,
- finden von Gott gegebene Lösungen in Konflikten oder unklaren Situationen, hören besonders sensibel auf den Heiligen Geist, um Gottes Willen für eine bestimmte Situation zu erkennen,
- können geistliche Wahrheiten konkret und praktisch anwenden.

Charakteristische Eigenschaften
····} sensibel
kreativ denkend
offen für neue Erkenntnisse
praktisch
weise

····⟩ aufrichtig
lebenserfahren
gesunder Menschenverstand

Worauf Menschen mit dieser Gabe besonders achten sollten
····⟩ - Sie dürfen nicht mit ihrer Weisheit hausieren gehen,
sondern müssen lernen, zu warten, bis Menschen von sich
aus um Rat fragen.
- Sie müssen vermeiden, dass andere Menschen von ihnen
abhängig werden. Stattdessen sollen sie andere ermutigen,
selbst nach Gottes Antworten und Weisheit zu suchen.
- Sie müssen geduldig sein mit Menschen, die diese Gabe
nicht haben.
- Weisheit für eine Situation zu haben, bedeutet noch nicht,
dass man auch die Leitung oder Verantwortung hat. Deshalb
müssen sie lernen, mit der Leitung der Gemeinde gut
zusammenzuarbeiten.

Training
····⟩ Lies jeden Tag des Monats einen Abschnitt aus dem Buch der
Sprüche und überlege dir, wo du oder andere die Hilfen, die
dort gegeben werden, anwenden kannst.
Lerne ein guter Zuhörer zu werden und Probleme wirklich zu
verstehen, bevor du Antworten gibst.

BUCHTIPP
DIE BÜCHER DER BIBEL, DIE SEHR VIEL PRAKTISCHE TIPPS ENTHAL-
TEN (Z. B. SPRÜCHE, PREDIGER). VERSUCHE VON DIESEN LEBENS-
WEISHEITEN ZU LERNEN.
RATGEBER ÜBER PRAKTISCHE THEMEN WIE Z. B. ZEITGESTALTUNG,
PLANUNG, FAMILIENLEBEN GESTALTEN, ORGANISATION ETC. KÖNNEN
VIELE HILFREICHE INPUTS GEBEN.

WUNDERTATEN

Allgemeine Bedeutung: übernatürliche Dinge vollbringen

Beschreibung
Die Gabe der Wundertaten ist die von Gott gegebene Fähigkeit, übernatürliche Ereignisse zu bewirken.

Bibelstellen
Lukas 5,1-11; Johannes 2,1-11; 1. Kor. 12,10 u. 28-29, 2. Korinther 12, 12

Kennzeichen: Menschen mit dieser Gabe
···⟩ - sprechen Gottes Wahrheit aus und bestätigen sie durch ein begleitendes Wunder,
- vertrauen fest darauf, dass Gott treu ist und dass seine Gegenwart auf diese Weise besondere Zeichen setzen kann,
- sprechen mit Vollmacht von Gottes Wort und erleben immer wieder sein eingreifendes Wirken
- haben in ihrem Handeln Jesus vor Augen und bringen andere Menschen dazu, eine lebendige Beziehung mit Gott einzugehen

Charakteristische Eigenschaften
···⟩ stark
wagemutig
bestimmend
überzeugend
betend
initiativ

Worauf Menschen mit dieser Gabe besonders achten sollten

····⟩ - Wunder sind spektakulär und andere Menschen neigen
dazu, Leute mit der Gabe der Wunderwirkungen auf ein
Podest zu stellen. Deshalb ist es wichtig, dass sie Demut
lernen.

- Wunder sind nur eine Gabe, die zum Aufbau der Gemeinde
beiträgt. Leute mit dieser Gabe brauchen eine gesunde
Perspektive für die anderen Dienste in der Gemeinde.

- Sie sollten diese Gabe nicht als persönliche Verantwortung
ansehen, sondern sich immer bewusst sein, dass es Gott ist,
der Zeit und Ort seiner Taten bestimmt.

- Sie müssen sich vor der Versuchung hüten, Gottes
Gegenwart und Macht für eigennützige Ziele anzurufen.

Training

····⟩ Lerne, jede „unmögliche" Situation als Chance zu sehen,
deine Gabe zu üben.

Verbringe Zeit mit Menschen, die viele Wunder erlebt haben,
lass dich durch ihre Erfahrungen ermutigen.

Lese Zeugnisse oder sehe dir Videos an, die über
Wundertaten berichten. Bitte Gott immer wieder: „Lass das
bitte auch durch mich geschehen!"

ACH DU DICKES EI - ZEHN TIPPS, WIE DU DEINE
BERUFUNG ERFOLGREICH VERPASSEN KANNST

⋯⟩ Lass dich von den Fähigkeiten anderer blenden. Versuche dich stets davon beeindrucken zu lassen, was andere können.

⋯⟩ Wage nie daran zu denken, du könntest irgendetwas auch ähnlich gut. Glaube nicht daran, dass Gott auch dir Gaben und Fähigkeiten gegeben hat.

⋯⟩ Fange nie an, deinen bisherigen Lebensstil und bewährte Methoden und Praktiken in Frage zu stellen. Packe nie etwas auf ungewohnte Art und Weise an.

⋯⟩ Wo immer möglich, lass andere machen und ziehe dich diskret zurück. Wenn du doch etwas tust, dann entwickle möglichst wenig eigene Initiative und überlege nicht, wie du es am Besten machen könntest.

⋯⟩ Achte darauf, dass du mehr Zeit vor dem Fernseher verbringst als hinter einem Buch. Verbringe so wenig Zeit wie möglich damit, dir zu überlegen, wie deine Träume Realität werden könnten.

⋯⟩ Vermeide Ausdrücke wie: „Ich stelle mir vor..." oder: „Ich denke darüber nach...". Tue es auch nicht.

⋯⟩ Verbringe möglichst viel Zeit deines Lebens damit, andere nachzumachen. Unternimm auf keinen Fall etwas aus eigener Initiative.

⋯⟩ Triffst du jemanden, so überlege auf keinen Fall, wie du mit ihm ins Gespräch kommen und wie Ihr euch gegenseitig inspirieren könntet.

⋯⟩ Vermeide alle Hobbys und Freizeitbeschäftigungen, die dazu beitragen könnten, deine Gaben und deine Persönlichkeit zu entfalten.

⋯⟩ Werde süchtig nach Reality–TV und Klatsch aus dem Leben anderer Menschen, aber wage es nicht, das echte, reale Leben zu leben, das Gott dir geschenkt hat.

Die zehn Punkte werden dir, wenn du sie gewissenhaft befolgst, garantiert dabei helfen, das Schlechteste aus deinem Leben zu machen, was möglich ist: eine billige Kopie von anderen Menschen, ohne eigene Persönlichkeit und Identität.

Ein weiser Mann hat einmal gesagt: Ich weiß, dass Gott mich nicht fragen wird, wieso ich nicht so klug wie Einstein war oder so begabt wie Beethoven. Aber Gott wird mich fragen, warum ich nicht das Potential entfaltet habe, das er in mich hineingelegt hat.

3

KNIFFEL –
ENTDECKE DEINE
EINMALIGE
PERSÖNLICHKEI

RÄUBER UND GENDARM – WAS FÜR EIN TYP BIST DU?

Wir haben nicht nur unterschiedliche Gaben, Leidenschaften und Dinge, die uns motivieren, sondern obendrein noch einen unterschiedlichen Persönlichkeitsstil.

Seit es Menschen gibt, wird versucht, menschliche Grundmuster des Verhaltens zu erkennen und zu definieren. Jede „Schublade", mit der man versucht, einen Typ zu definieren, klemmt, wenn man einen echten, individuellen Menschen hineinpackt. Aber trotzdem bieten Grundtypen ein hilfreiches Schema, um sich und andere besser verstehen zu lernen.

Der Psychologe William Marston hat 1930 ein Modell entwickelt, das folgende vier Grundtypen benennt:

dominant, initiativ, stetig, gewissenhaft.

Gelegentlich findet man auch die Begriffe Choleriker, Sanguiniker, Phlegmatiker und Melancholiker, die in etwa den Typen, die Marston definiert hat, entsprechen.

Marston unterscheidet zwischen Menschen, die nach innen gerichtet sind (introvertiert) und nach Menschen, deren Verhalten stärker nach außen gerichtet ist (extrovertiert).

Die zweite Unterscheidung, die er trifft, ist zwischen Menschen, die sich mehr für Dinge (sachorientiert) und Menschen, die sich mehr für andere Menschen (personenorientiert) interessieren.

Arbeitsheft Test 6: Fülle den Test aus und lies dann hier im Haupttext nach, was Deinen Persönlichkeitsstil charakterisiert.

DOMINANT – DIE STARKEN TYPEN

Menschen mit dominantem Persönlichkeitsstil sind extrovertiert. Sie gehen stark nach außen. Dinge (Ziele, Aufgaben) sind ihnen wichtiger als Menschen.

Profil

Dominante Menschen lieben es, Aufgaben anzupacken. Sie sind Handlungsmenschen und wollen etwas leisten. Herausforderung motiviert sie zu noch besserer Leistung. Sie reagieren schnell und entschlossen und scheuen sich nicht davor, Probleme anzupacken. Ohne zu zögern übernehmen sie die Leitung und neigen dazu, autoritär und dominant zu sein. Sie sehen das große Ganze und haben keinen ausgeprägten Blick für Details.

Stärken

····} Handlungsbereitschaft
Leitungstalent
Zielstrebigkeit
Entschlusskraft

Schwächen

····} mangelndes Einfühlungsvermögen
neigen zu Härte/Druck
Sturheit
Benutzen anderer für eigene Ziele

Motivation

HERAUSFORDERUNG. Ein dominanter Mensch braucht zur Entfaltung ein Umfeld, in dem er Entscheidungen treffen und Herausforderungen annehmen kann. Er braucht Leiter, die ihm klare Anweisungen, aber auch viel Freiraum zur eigenen Entfaltung geben.

Lifestyle

Dominante Menschen leisten viel und müssen den dadurch entstandenen Stress abbauen. Am besten tun sie das, indem sie sich sportlich betätigen und sich „voll auspowern", bis aller Druck weg ist.

Wenn sie das nicht tun, werden sie wahrscheinlich bei nächster Gelegenheit einfach explodieren – und ein anderer Mensch wird ihre angestauten Aggressionen abbekommen.

Bekehrung

Ein dominanter Mensch ist in der Regel so von sich und seinen Leistungen überzeugt, dass man ihn fast totschlagen muss, bevor er bereit ist, sein Leben, das er ja so im Griff zu haben glaubt, in Gottes Hand zu legen. Gute Gelegenheiten, mit dominanten Menschen über Jesus zu reden, sind Krisenzeiten, in denen ihr sicheres Weltbild ins Wanken kommt.

Aufgaben

Er ist geeignet für alle Aufgaben, die Entschlusskraft fordern, besonders für Aufbautätigkeiten.

Umgang mit anderen

Dominante Menschen können andere motivieren, Ziele zu setzen und diese auch zu erreichen. Allerdings neigen sie auch dazu, andere zu benutzen, um ihre eigenen Ziele zu erreichen. Sie empfinden Menschen, die nicht so zielstrebig sind wie sie selbst, oft als „Schwächlinge".

Teamwork

Dominante Menschen tun sich in Teams, die sie nicht selbst leiten, oft schwer. Sie müssen erkennen, dass sie die Gaben anderer Menschen brauchen.

Teamleitung

Ein Team, das von einer dominanten Person geleitet wird, erzielt in der Regel Spitzenresultate. Die gesetzten Ziele werden in der Regel erreicht, allerdings wird dazu oft auch Druck eingesetzt („ihr müsst das schaffen").

Leiter in der Gemeinde

Von dominanten Leitern wird man immer die Worte „Ziel, Vision, Entscheidung, Plan, Entschlusskraft..." hören. Sie führen die Gemeinde, indem sie ihr Gottes Pläne und Ziele vor Augen malen und sie herausfordern, mutige Schritte zu gehen, um die gesteckten Ziele auch zu erreichen.

Ergänzung durch andere

Dominante Menschen brauchen Ergänzung durch andere, die einen besseren Blick für Menschen und mehr Liebe zum Detail haben.

INITIATIV – DIE MOTIVIERENDEN TYPEN

Menschen mit initiativem Persönlichkeitsstil sind extrovertiert. Sie gehen stark nach außen. Menschen (Beziehungen, Begegnungen), sind ihnen wichtiger als Dinge (Aufgaben, Ziele).

Profil

Initiative Menschen sind voller Leben und stecken mit ihrer Lebensfreude auch andere an. Sie gehen offen auf Menschen zu und knüpfen leicht neue Kontakte. Beziehungen sind für sie sehr wichtig. Sie halten nichts versteckt und teilen ihre Gefühle und Stimmungen gerne mit. Die Liebe und Annahme anderer Menschen ist ihnen wichtiger als Erfolg. Sie sind spontan. Sie sind wenig zielstrebig und gründlich.

Stärken

····} Spontanität
Motivation
Lebensfreude
Liebe zu Menschen

Schwächen

····} Unbeständigkeit
Oberflächlichkeit
Unkonzentriertheit
Mangel an Zielstrebigkeit

Motivation

ANNAHME. Ein initiativer Mensch braucht zur Entfaltung ein Umfeld, in dem er sich angenommen und geliebt fühlt. Er darf nicht durch zu strenge Regeln und Detailmaßgaben eingeengt werden, braucht aber klare Ziele.

③

Lifestyle

Für einen initiativen Menschen bereitet es den größten Stress, in einer Umgebung zu sein, wo er sich nicht sicher ist, ob er wirklich geschätzt und angenommen wird. Ablehnung kann ihn aus dem Gleis werfen. Er braucht zum Entspannen ein Umfeld, wo er sich geliebt fühlt und Spaß haben kann.

Bekehrung

Initiative Menschen sind dann offen für Jesus, wenn sie merken, dass sie mit ihren Beziehungen nicht klar kommen. Von Jesus bedingungslos angenommen zu werden bedeutet ihnen sehr viel. Eine lockere und inspirierende Atmosphäre hilft ihnen, sich für Jesus zu öffnen.

Aufgaben

Sie sind geeignet für Aufgaben, bei denen Menschen motiviert und zusammengebracht werden müssen.

Umgang mit anderen

Initiative Menschen sind sehr beliebt, weil sie Spaß und Stimmung verbreiten. Sie müssen es allerdings lernen, Probleme anderer Menschen ernst zu nehmen und nach effektiven Lösungen zu suchen.

Teamwork

Initiative Menschen sind der Kleber, der ein Team zusammenhält. Sie vermitteln Teamgeist und Zusammengehörigkeitsgefühl. Sie leisten dadurch einen wesentlichen Beitrag zum Aufbau eines Teams.

Teamleitung

Initiative Menschen können kraft ihrer Persönlichkeit fast jeden dazu motivieren, mit ihnen zusammenzuarbeiten. Menschen fühlen sich unter ihrer Leitung angenommen, wertgeschätzt und motiviert. Allerdings fällt es ihnen oft nicht leicht, klare Ziele und Aufgabenbeschreibungen zu definieren. Probleme werden ignoriert („wird schon werden").

Leiter in der Gemeinde

Sie führen die Gemeinde, indem sie sie zur Zusammenarbeit ermutigen. Initiative Leiter strahlen viel Wertschätzung aus und genießen in der Regel große Loyalität von ihren Leuten. Sie müssen es aber lernen, klare Ziele zu setzen und zielstrebig darauf zuzugehen, sowie Detailarbeit zu delegieren.

Ergänzung durch andere

Initiative Menschen brauchen Ergänzung durch andere, die klare Ziele setzen können und durch Menschen, die in der Lage sind, die Detailarbeit für sie zu übernehmen.

STETIG – DIE BESTÄNDIGEN TYPEN

Menschen mit stetigem Persönlichkeitsstil sind introvertiert. Beziehungen sind ihnen wichtiger als Dinge (Ziele, Aufgaben).

Profil
Stetige Menschen vermitteln Harmonie und ein Gefühl von Geborgenheit. Sie sind sehr treu und beständig. Sie sind ausgeglichen und durch (fast) nichts aus der Ruhe zu bringen – allerdings auch nur mit Mühe zu etwas zu motivieren. Aufgaben gehen sie gelassen und bedächtig an. Sie können anderen Menschen gut zuhören. Andere Menschen fühlen sich bei ihnen wohl, weil sie sich verstanden fühlen und zur Ruhe kommen können.

Stärken
····⟩ Beständigkeit
Zuverlässigkeit
Geduld
Annahme

Schwächen
····⟩ Motivationsarmut
Konfrontationsscheu
Trägheit
Veränderungsscheu

Motivation
HARMONIE. Ein stetiger Mensch braucht zur Entfaltung ein Umfeld, in dem er sich geborgen und sicher fühlt.

Lifestyle

Stetige Menschen werden gestresst, wenn ungewohnte Dinge und Ereignisse ihre Routine durcheinanderbringen. Sie brauchen zum Entspannen eine vertraute, sichere Umgebung, und eine Tätigkeit, die sie nicht zu sehr herausfordert.

Bekehrung

Ein stetiger Mensch braucht, um Vertrauen zu Jesus zu gewinnen, Sicherheit. Sicherheit, dass die Botschaft in Ordnung ist, sowie sichere, stabile Beziehungen zu Christen. Wenn er sich alles gründlich durchdacht und einen vernünftigen Grund gefunden hat, sein bisheriges Leben zu ändern, wird er sich auch für Jesus entscheiden.

Aufgaben

Er ist geeignet für alle Aufgaben, die Treue und Zuverlässigkeit und beständiges Arbeiten erfordern und einen sicheren Rahmen bieten.

Umgang mit anderen

Stetige Menschen sind darauf bedacht, mit andern in Harmonie zu leben.

Teamwork

Stetige Menschen wirken in einem Team sehr ausgleichend. Sie vermitteln und bringen Frieden, wo andere sich die Köpfe einschlagen. Sie sind aber nur schwer zu motivieren und bremsen manchmal neue Entwicklungen ab.

Teamleitung

Ein stetiger Teamleiter wird stets darauf bedacht sein, dass alle Mitglieder des Teams sich wohlfühlen. Er weicht möglichen Konfrontationen aus und verpasst dadurch manch gute Gelegenheit.

Leiter in der Gemeinde

Stetige Leiter können anderen stundenlang zuhören. Ihre Lieblingsworte sind „Einheit, Harmonie, immer mit der Ruhe, ...". Sie führen die Gemeinde, indem sie den Menschen Sicherheit und

Geborgenheit vermitteln. Sie stehen in der Gefahr es allen recht machen zu wollen und keine eigene Vision und Perspektive zu entwickeln.

Ergänzung durch andere

Stetige Menschen brauchen die Ergänzung durch andere, die Ziele setzen, Menschen motivieren und den Blick fürs Detail haben.

GEWISSENHAFT – DIE PRÄZISEN TYPEN

Menschen mit gewissenhaftem Persönlichkeitsstil sind introvertiert. Sie gehen stark nach innen. Dinge (Ziele, Aufgaben) sind ihnen wichtiger als Menschen.

Profil

Gewissenhafte Menschen lieben es, Dinge bis ins letzte Detail hinein zu verstehen und auszuführen. Sie sind Perfektionisten, die hervorragende Arbeit leisten, manchmal aber das Wesentliche (das große Ganze) nicht vom Unwesentlichen (alle Details) unterscheiden können. Wegen ihrer hohen Ansprüche an sich selbst und andere neigen sie zu Entmutigung (mit sich selbst nicht zufrieden) und Kritik an anderen. Der gewissenhafte Typ ist oft ein scharf-analytischer Denker, der sich auf wichtige Aufgaben gut konzentrieren kann.

Stärken

····⟩ Präzision
  Scharfsinnigkeit
  Analyse
  Sorgfalt

Schwächen

····⟩ Kritik
  unrealistische Ansprüche
  Unflexibel
  Pessimismus

Motivation

QUALITÄT. Ein gewissenhafter Mensch braucht zur Entfaltung ein Umfeld, in dem er klare Anweisungen hat und sich auf seine Arbeit konzentrieren kann.

Lifestyle

Gewissenhafte Menschen setzen sich und andere durch ihre hohen Ansprüche unter Druck. Um zu entspannen, brauchen sie Aufgaben, die sie reizen, aber nicht unter Druck bringen (z. B. ein kleines Forschungsprojekt zu einem Thema, das sie fasziniert).

Bekehrung

Ein gewissenhafter Mensch braucht, um sich für Jesus zu öffnen, knallharte Fakten und logische Erklärungen. Der Glaube muss für ihn intellektuell verständlich und nachvollziehbar vermittelt werden.

Aufgaben

Er ist geeignet für alle Aufgaben, die gründliches, analytisches Arbeiten und Liebe zum Detail fordern.

Umgang mit anderen

Gewissenhafte Menschen nehmen ihre Aufgaben sehr wichtig. Sie stehen in Gefahr, Menschen zu vernachlässigen oder durch Kritik zu verletzen („du hast das schon wieder falsch gemacht!").

Teamwork

Gewissenhafte Menschen können ein Team dadurch bereichern, dass sie Aufgaben verantwortlich und perfekt durchführen. Sie können ein Team aber auch durch ihre Unzufriedenheit und überhöhten Ansprüche lahm legen – oder zu lange für Aufgaben brauchen, weil sie alles perfekt machen wollen. Gewissenhafte Menschen können Leiter stark unterstützen und ergänzen, indem sie die nötige Detailarbeit übernehmen.

Teamleitung

Ein Team, das von einer gewissenhaften Person geleitet wird, wird alle gesetzten Aufgaben perfekt erledigen (wollen). Sie treffen gute Entscheidungen, weil sie alle Faktoren gründlich durchdenken. Es besteht allerdings die Gefahr, dass in ihren Teams die zwischenmenschlichen Beziehungen vernachlässigt werden.

Leiter in der Gemeinde

Von gewissenhaften Leitern wird man immer die Worte „genau, präzise, durchdacht, Konzept..." hören. Sie führen die Gemeinde, indem sie solide und gründlich überlegen, was das Beste ist. Sie sind häufig gute Bibellehrer.

Ergänzung durch andere

Gewissenhafte Menschen brauchen Ergänzung durch andere, die ihre Stärken im zwischenmenschlichen Bereich haben. Sie brauchen auch die Motivation durch Menschen, die klare Ziele setzen und durchsetzen können.

VIER GEWINNT - GOTTES PERSÖNLICHKEITSSTIL

Gott vereint die positiven Seiten aller vier Persönlichkeitsstile in sich. Er ist dominant, voller Entschlusskraft, packt Dinge wie z. B. die Schöpfung zielstrebig an.

Er ist initiativ, kann Menschen motivieren, ihm zu folgen. Er ist begeisterungsfähig, bunt und kreativ.

Er ist stetig, hat langem Atem und kann Menschen das Gefühl von Annahme, Geborgenheit und Sicherheit vermitteln.

Und er ist gewissenhaft. Was er tut, tut er gründlich, gut durchdacht und präzise.

Es macht Freude, die Vielfalt zu entdecken, die Gott hat und die er in die Menschen gelegt hat.

Experiment Gottes Wesen entdecken

Nimm dir Zeit, um Gott „eine Runde Komplimente" für sein Wesen zu machen:

⋯⟩ für das, was er tut (dominant)
für sein Wesen (initiativ)
für seine Liebe zu dir (stetig)
für seine perfekten Pläne (gewissenhaft)

Durch unsere Sünde tragen wir neben den positiven auch die negativen Seiten der vier Persönlichkeitstypen in uns. Aber Jesus will uns verändern.
Wir müssen nicht bleiben wie wir sind. Gott will durch seinen Geist positive Charaktereigenschaften (die Bibel nennt das in Gal. 5,22 die Frucht des Geistes) in uns her-

vorbringen: Liebe, Freude, Frieden, Geduld, Freundlichkeit, Güte, Treue, Besonnenheit, Selbstbeherrschung.

Experiment Charakterwachstum
Bitte Gott regelmäßig, besonders die Eigenschaften in dir zu entfalten, deren Ausübung dir aufgrund deiner Persönlichkeit nicht so leicht fällt. Überprüfe in regelmäßigen Abständen, wie sich dein Verhalten verändert.

FINDE DEN WEG DURCH DAS LABYRINTH DEINER PRÄGUNG

Jeder Mensch ist durch viele verschiedene Dinge geprägt worden. Deine Herkunft, deine Familie, dein Aussehen, usw. haben dich zu der Person gemacht, die du jetzt bist. Manche dieser Dinge sind für dich sehr positiv („Ich hatte echt starke Eltern und immer Erfolg in der Schule"), andere empfindest du eher als negativ („Warum bin gerade ich als Ausländer verspottet oder wegen meiner Ungeschicklichkeit im Sport ausgelacht worden).

Es ist gut, im Leben Bilanz zu ziehen und sich zu überlegen: „Was hat mich geprägt und zu der Person gemacht, die ich jetzt bin?" Du kannst Gott dafür danken, dass er dir das Zuhause, die Ausbildung, die Familie gegeben hat, die dich geprägt hat.

Du kannst dich über die positiven Dinge freuen, die dich zu der einmaligen Person gemacht haben, die du jetzt bist. Und du kannst die negativen, frustrierenden Dinge zu Jesus bringen. Du kannst ihm sagen: „Ich hätte mir dies oder jenes in meinem Leben anders gewünscht – aber es war nun mal, wie es war. Jetzt entscheide ich mich: Ich will den Menschen vergeben, die mich verletzt haben. Ich bitte ich dich: Nimm die Enttäuschung weg und gib mir inneren Frieden – und mache mit mir gemeinsam das Beste daraus!"

Arbeitsheft Test 4: Jetzt überlege, was dich geprägt hat.

Viele Menschen in der Bibel (z. B. Mose) hatten schlechte Start-voraussetzungen. Sie hatten das Empfinden, zur falschen Zeit, im falschen Volk, von den falschen Eltern geboren worden zu sein. Aber Gott sah das anders. Er hat das Beste aus ihrem Leben gemacht! Oft hat er gerade die negativen Dinge in eine Stärke verwandelt.

DAS QUARTETT DEINER ERFAHRUNGEN

Niemand hat die einmalige Kombination aus Erfahrungen, die du hast. Kein anderer Mensch hat genau das erlebt, was du erlebt hast.

Deine Erfahrungen – z. B. die Erfahrungen eines Auslandsaufenthaltes, prägen dich und sind ein wertvoller Schatz.

Kein anderer Mensch hat genau die Dinge gelernt, die du gelernt hast. Wenn eine Gemeinde gut funktionieren soll, ist es wichtig, dass Menschen, die viel Erfahrung in einem Bereich gesammelt haben, diese Gaben auch einsetzen.

Arbeitsheft Test 7 + 8: Welche Erfahrungen hast Du im Beruf und Gemeinde gemacht?

Es macht wenig Sinn, Monate damit zu verbringen, jemandem in der Gemeinde beizubringen, mit dem Mischpult umzugehen, wenn es jemand anderen gibt, der professioneller Tontechniker ist.

Die Erfahrungen müssen nicht bestimmen, wo jemand in der Gemeinde eingesetzt wird - ein Tontechniker kann z. B. auch in der Seelsorge tätig sein, aber schon der gesunde Menschenverstand sagt einem, dass es sinnvoll ist, sie zu berücksichtigen.

4

SIEDLER – FINDE DEINEN PLATZ

KREISEL, KREISEL ODER: ENTSCHEIDE DICH FÜR EINEN PLATZ

Du hast durch diesen Kurs viel von dir und deiner Persönlichkeit neu oder tiefer entdeckt. Du weißt nun besser als vorher, wer du bist, wo deine Stärken und Schwächen liegen. Das ist wunderbar und wird dir in vielen Bereichen deines Lebens helfen.

Aber dieses Wissen bleibt tot, wenn du keine konkreten Schritte unternimmst, all das Potential, das Gott dir gegeben hat, an einem Punkt konkret einzusetzen.

Ein junger Mann erzählte davon, dass er monatelang Gitarre geübt hat. Er war mittelmäßig begabt und brachte sich selbst pro Monat einen neuen Gitarrengriff bei. Eines Tages wurde er gefragt, ob er Interesse daran hätte, drei Monate später bei einer Aufführung mitzuwirken. Er wurde Teil eines Teams. Das gemeinsame Ziel motivierte ihn und seine Freunde in der Band brachten ihm Dinge bei, die er anders nie gelernt hätte. Sie korrigierten ihn auch, aber dadurch wurde er noch besser. Alleine hätte er seine Gaben nie in dem Maß entfalten können, wie es innerhalb eines Teams möglich war.

Sich in ein Team zu integrieren ist wunderbar – und herausfordernd. Es ist der beste Weg, um die eigenen Gaben stärker zu entfalten und um den eigenen Charakter verändern zu lassen.

Deine Entscheidung

Jetzt ist die Zeit, Nägel mit Köpfen zu machen und dich zu entscheiden, ob du dich in deiner Gemeinde einbringen willst und wenn ja, in welchem Bereich. Natürlich kannst du deine Gaben überall einsetzen: In deiner Familie, in deinem Beruf, in deinem Freundeskreis. Das wird dir Freude machen und Gott ehren.
Aber einer der wunderbarsten Plätze, an dem du dich einsetzen kannst und solltest, ist die Gemeinde, zu der du gehörst. Du kannst durch die Persönlichkeit und die Gaben, die Gott dir geschenkt hat, dazu beitragen, dass deine Gemeinde wächst und Menschen zum Glauben an Jesus finden!

④

Neben den Dingen, die du im Laufe dieses Kurses herausgefunden hast, gibt es noch weitere Faktoren, die sich auf die Entscheidung für den richtigen Platz in der Gemeinde auswirken.

Deine Verfügbarkeit
Verschaffe dir einen realistischen Überblick über die Zeit, die du deiner Gemeinde zur Verfügung stellen kannst. Es hat keinen Sinn, einen Dienst anzufangen und nach drei Wochen festzustellen, dass du aus Zeitgründen hoffnungslos überfordert bist.

Deine Glaubenserfahrung
Menschen, die gerade erst anfangen, mit Jesus zu leben, arbeiten in der Gemeinde am besten in Bereichen mit, wo sie in einem geschützten Rahmen lernen können, Jesus zu dienen. Menschen, die schon lange mit Jesus leben, brauchen Aufgaben, die sie herausfordern und an denen sie weiter wachsen können.

Offene Stellen
Eine gute Gemeinde wird versuchen, dich an einem Platz einzusetzen, der dir und deinen Gaben entspricht. Aber es wird Situationen geben, wo das nicht möglich ist, weil vielleicht dein Traumjob schon vergeben ist. In dieser Situation zeigt es sich, ob man einen Lebensstil der Liebe zu Jesus lebt und ein Mensch ist, der mithilft für Jesus die Gemeinde zu bauen. Ein Mensch, der darauf vertraut, dass Jesus selbst sich um die eigenen Wünsche und Bedürfnisse kümmern wird.

Arbeitsheft Test 9 + 10:
Zum Schluß geht es um
„Verfügbarkeit" und
„geisltiche Reife".

Gottes individuelle Führung
Dieses Buch und die Fragen 1 – 3 werden dir helfen, ein klareres Bild darüber zu bekommen, wo du dich einsetzen könntest. Aber kein Test kann das persönliche Gespräch mit Gott ersetzen. Nimm dir, alleine oder gemeinsam mit anderen, Zeit, um mit Gott über deinen Platz in der Gemeinde zu reden. Er ist dein Vater und will dir Rat und Hilfestellung geben. Vielleicht wird er den Platz bestätigen, den du dir ausgesucht hast, vielleicht wird er dir einen Arbeitsbereich wichtig machen, der dir bisher noch nicht eingefallen ist. Er weiß es am besten – deshalb nimm dir Zeit, diese wichtige Entscheidung mit ihm zu besprechen.

SOLITÄR? IM TEAM GEHT´S BESSER

Es ist wunderbar, den richtigen Platz in der Gemeinde zu finden, zu wissen: Da gehöre ich hin, da bringe ich mich ein. Wenn du den Platz gefunden hast, ist es wichtig, dass du ihn gut ausfüllst.

Von anderen lernen

Der erste Schritt zur Reife ist, von anderen zu lernen. Wenn du neu in einem Bereich mitarbeitest, brauchst du die Bereitschaft, dich einzubringen und dir von dem Leiter des Teams sagen zu lassen, was zu tun ist – auch dann, wenn du vielleicht denkst, es selbst besser zu wissen. Sei bereit zu lernen und dich vom Leiter und vom Team schulen zu lassen.

Selbständiges Arbeiten

Nach einer Weile wird dir der Bereich, in dem du mitarbeitest, vertraut sein. Du wirst wissen, wie Dinge laufen. Du fühlst dich sicher und kannst eigenständig Aufgaben übernehmen. Deine Leiter können Jobs an dich delegieren und wissen, dass sie bei dir gut aufgehoben sind.

Gegenseitige Inspiration

Im Laufe der Zeit wirst du Ideen entwickeln, wie Dinge effektiver und besser gemacht werden können. Du wirst ein Gespür dafür bekommen, wer von deinem Team am besten für bestimmte Aufgaben geeignet ist. Ihr könnt euch gegenseitig voranbringen und motivieren, bessere Leistungen zu bringen.

Andere trainieren und ranlassen

Es ist nicht das Endziel des christlichen Dienstes, für immer an einem Platz zu sitzen. In der Bibel steht, dass die Hauptaufgabe eines Leiters darin besteht, andere zu trainieren. Der Erfolg deines Dienstes wird in Gottes Augen nicht daran gemessen, wieviel du bewirkst, sondern wie viele andere Menschen du befähigst, ihren Platz in der Gemeinde zu finden. Vielleicht sind andere auch besser für den Platz geeignet an dem du jetzt bist – dann lass sie ran und arbeite entweder mit ihnen zusammen oder übergib ihnen die Verantwortung.

DER DOMINO–EFFEKT - UNENDLICHE MULTIPLIKATION DEINES LEBENS

Man kann Licht verbreiten, indem man eine Kerze anzündet. Man kann mehr Licht verbreiten, wenn man die Kerze vor Wind schützt und den Docht abschneidet. Man kann das Licht verdoppeln, wenn man die Kerze an zwei Enden gleichzeitig anzündet.

Aber am meisten Licht kann man verbreiten, wenn man die eine Kerze benutzt, um andere Kerzen anzuzünden.

Das maximale Licht kann man verbreiten, wenn eine Kerze andere anzündet und die anderen Kerzen ebenfalls neue Kerzen anzünden.

In diesem Kurs ging es um dich. Du bist wie eine Kerze. Wenn du weisst, welche Stärken und Fähigkeiten Gott dir gegeben hat, in welcher Umgebung du am besten funktionierst, dann kannst du in einer Welt, in der es ziemlich finster aussieht, etwas von Gottes Liebe vermitteln.

Aber du kannst noch mehr Licht bringen, indem du das, was du kannst, anderen beibringst und sie motivierst, mit dir gemeinsam andere anzuzünden.

Dann bist du zwar nicht mehr „die einzige Kerze weit und breit", aber du trägst viel mehr dazu bei, Licht in diese Welt zu bringen, als wenn nur du leuchtest.

DU MULTIPLIZIERST DICH – UNENDLICH GUT!

NR1

TESTHEFT

Testheft

Hinweis zum Ausfüllen aller Tests

1. Bete, dass Gott deine Gedanken leitet.
2. Beantworte alle Fragen spontan ohne lange zu grübeln.
3. Schreibe auf, was du gerne tust, unabhängig davon, ob es jetzt für dich möglich ist oder nicht, diese Sache zu tun.

Tipp

Es kann sehr aufschlussreich sein, den Test in einem zeitlichen Abstand (z.B. sechs Monate oder ein Jahr) ein zweites Mal zu machen und zu entdecken, wo sich Veränderungen und Reifeprozesse ergeben haben.

T1

LEIDENSCHAFTSTEST

Herz
Nenne spontan drei Dinge, für die du dich richtig begeistern kannst (mit Ausnahme von Jesus und deinen besten Freunden).

┄┄> 1.

2.

3.

Menschengruppen
Es gibt Menschen, von denen man gerne Inspiration, Ideen, Rat etc. **annehmen** will; Menschen, von denen man lernen will.
Umgekehrt gibt es Menschen, denen man selbst Zeit, Rat, Inspiration etc. **geben** möchte. Das können zum Beispiel Menschen sein, die Hilfe brauchen.
Und dann gibt es Menschengruppe, von denen man gerne etwas empfängt, aber denen man auch etwas zu geben hat, bei denen es ein **Geben und Nehmen** ist.
Mit manchen Personengruppen hast du jetzt schon zu tun, mit anderen wird sich vielleicht erst in der Zukunft Kontakt entwickeln. Es kann sein, dass einige der Personengruppen jetzt für dich noch nicht interessant sind, du dir aber vorstellen kannst, **später** mehr mit ihnen zu tun zu haben.

Stell dir vor, du kommst in ein Haus, in dem Türschilder sind die angeben, welche Menschengruppen sich hinter der Tür befinden. Zu welchen dieser Gruppen fühlst du dich am meisten hingezogen? Durch welche Türen würdest Du am liebsten gehen?

Mache ein Kreuz in den betreffenden Feldern. Mehrfachnennungen sind erlaubt.

Altersgruppen

	GEBEN	NEHMEN	GEBEN+ NEHMEN	JETZT	SPÄTER
BABYS					
KLEINKINDER					
VORSCHULKINDER					
GRUNDSCHULKINDER					
TEENIES					
JUGENDLICHE					
JUNGE ERWACHSENE 20 – 25					
ERWACHSENE 26 –35					
ERWACHSENE 36 – 65					
RENTNER (65 +)					

Familienstand

	GEBEN	NEHMEN	GEBEN+ NEHMEN	JETZT	SPÄTER
SINGLES					
JUNGE EHEPAARE					
ELTERN					
FAMILIEN					
ÄLTERE EHEPAARE					
VERWITWETE					
GESCHIEDENE					
ALLEINERZIEHENDE					

Berufe

	GEBEN	NEHMEN	GEBEN+ NEHMEN	JETZT	SPÄTER
ANGESTELLTE					
FREIE WIRTSCHAFT					
ARBEITER					
KÜNSTLER					
NEW ECONOMY					
ARBEITSLOSE					
MEDIEN					
SPORTLER					
STUDENTEN					
AKADEMIKER					
PASTOREN					
FORSCHER					
AUTOREN/JOURNALISTEN					

Sonstige Personengruppen

	GEBEN	NEHMEN	GEBEN+ NEHMEN	JETZT	SPÄTER
HÄFTLINGE					
FINANZSCHWACHE					
WOHLHABENDE					
TRENDSETTER					
PIONIERE					
STARS					
KRANKE					
HILFSBEDÜRFTIGE					
RANDGRUPPEN					
FLÜCHTLINGE					
BEHINDERTE					
AUSLÄNDER					
TOURISTEN					
CHRISTEN					
ANGEHÖRIGE ANDERER RELIGIONEN					

Andere Personengruppen, die mich interessieren, aber die hier nicht genannt sind:

	GEBEN	NEHMEN	GEBEN+ NEHMEN	JETZT	SPÄTER

Entscheide dich für drei Personengruppen, die dir am wichtigsten sind.

	GEBEN	NEHMEN	GEBEN+ NEHMEN	JETZT	SPÄTER
1.					
2.					
3.					

Wähle aus den drei Favoriten deine Lieblings-Personengruppe aus:

3. Bereiche und Themen

Welche Themen interessieren dich sehr? Worüber liest du gerne? Zu welchen Seiten
surfst du im Internet? Worüber redest du gerne mit anderen Menschen?
Mehrfachnennungen möglich.

☐ **NATUR**	☐ GEWALT	☐ **LIFESTYLE**	☐ MANAGEMENT
☐ UMWELTSCHUTZ	☐ PSYCHOLOGIE	☐ MODE	☐ TECHNOLOGIE
☐ TIERSCHUTZ	☐ GÄSTE	☐ AUTOS	
☐ REISEN	☐ ARBEIT MIT KINDERN	☐ MUSIK	☐ **GEMEINDE**
☐ LANDSCHAFTEN	☐ JUGENDARBEIT	☐ WOHNEN	☐ KIRCHE
	☐ ABTREIBUNG	☐ ESSEN	☐ JÜNGERSCHAFT
☐ **GESELLSCHAFT**	☐ HOMOSEXUALITÄT	☐ TRENDS	☐ GEMEINDEBAU
☐ POLITIK		☐ STARS	☐ GOTT ERFAHREN
☐ MEDIEN	☐ **BEZIEHUNGEN**	☐ WERBUNG	☐ THEOLOGIE
☐ WIRTSCHAFT	☐ MISSBRAUCH	☐ DESIGN	☐ BIBEL
☐ MEDIZIN	☐ GEFÜHLE		☐ LEITUNG
☐ ARMUT		☐ **BERUF**	☐ MENTORING
☐ HUNGER	☐ **GESUNDHEIT**	☐ WIRTSCHAFT	
☐ RASSISMUS	☐ SPORT	☐ AUSBILDUNG	☐ **KUNST**
☐ BILDUNG	☐ FITNESS	☐ COMPUTER	☐ LITERATUR
	☐ ERNÄHRUNG	☐ GELDANLAGE	☐ KUNST
☐ **MENSCHEN**	☐ SUCHT	☐ BÖRSE	☐ GESTALTUNG
☐ ERZIEHUNG	☐ KRANKHEITEN	☐ BERUFSWAHL	☐ PHILOSOPHIE
			☐ PHOTOGRAPHIE
			☐ JOURNALISMUS

Entscheide dich für die drei oben angekreuzten
Themen, die für dich am wichtigsten sind.

☐ _____
☐ _____
···⟩ 1.
☐ _____
☐ _____
2.

3.

Welches dieser Themen ist dir am wichtigsten?
Du kannst „dein Thema" auch selbst formulieren,
z.B. „Umgang mit Menschen".

– 5 –

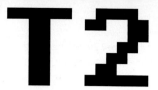

Motivationstest

····⟩ Schreibe kurz fünf bis sieben Erfahrungen auf, die für dich positiv und ermutigend waren.

····⟩ Schreibe dahinter, wieso sie für dich ermutigend waren.

····⟩ Notiere, welche Talente/Fähigkeiten du eingesetzt hast.

····⟩ Ordne deine Erfahrungen einem der genannten Motivationsfaktoren zu (Zukunftsperspektive, Anerkennung, erarbeiteter Erfolg, Befriedigung durch die Tätigkeit, positive Resultate)

	ERFAHRUNG:	ERMUTIGT DURCH:	TALENT:	FAKTOR:
1.				
2.				
3.				
4.				
5.				

ENTDECKE DEINE TRÄUME

Was ist dein größter Wunsch?

----->

Zu welchem Lebensbereich gehört dieser Wunsch: Gesundheit, Beziehungen, Gemeinde, Familie, Arbeit, Freizeit, sonstige?

----->

Was begeistert dich am meisten?

----->

Was würdest du am liebsten für Menschen tun?

----->

Was möchtest du mit deinem Leben erreichen ?

----->

Welche Sache würdest du anpacken, wenn du alle notwendigen Ressourcen zur Verfügung hättest und wüsstest, dass es unmöglich ist, zu versagen?

----->

Was wäre der erste Schritt, um der Erfüllung deines Traumes näher zu kommen?

----->

AM ENDE DEINES LEBENS...

Stell dir vor, dein Leben ist vorbei. Ein Mensch, der dich kannte, erzählt bei deiner Beerdigung, wie du gelebt hast, was dir wichtig war und was du mit deinem Leben erreicht hast.

Was würdest du dir als Zusammenfassung deines Lebens wünschen? Was möchtest du erreicht haben, bevor dein Leben zu Ende ist?

Ich wünsche mir, dass man am Ende meines Lebens über mich sagt:

ZUSAMMENFASSUNG

Formuliere deine Leidenschaft
Sieh dir nochmals die Antworten zu den bisherigen Fragen an und versuche zu entdecken, was deine größte Leidenschaft ist.
Beachte, ob ein bestimmtes Thema, eine Personengruppe oder eine Rolle, die du einnimmst immer wieder auftaucht. Formuliere deine Leidenschaft so klar wie möglich.

Gutes Beispiel:
Meine Leidenschaft ist es mit jungen Leuten im Alter von ca. 10 – 13 Jahren (Personengruppe) Sport zu treiben (Tätigkeit) und ihnen Antworten auf ihre Fragen zu geben und so dazu beizutragen, dass sie ihr Leben besser gestalten können (Motivation).

Schlechtes Beispiel:
Ich will Menschen irgendwie helfen.

Formuliere nun deine Leidenschaft!
Meine größte Leidenschaft ist es:

·····⟩

Es gibt Menschen, die nur eine große Leidenschaft haben. Im Leben anderer haben mehrere annähernd gleich große Leidenschaften Platz.
Wenn du neben deiner größten Leidenschaft noch weitere Leidenschaften hast, schreibe sie genauso präzise auf:

Leidenschaft Nr. 2
Meine Leidenschaft ist es:

·····⟩

Leidenschaft Nr. 3
Meine Leidenschaft ist es:

·····⟩

DEINE PRÄGUNG

Schreibe auf, welche Dinge dich geprägt haben. Schreibe zu den positiven und die negativen Aspekten je drei Stichpunkte auf.

Prägung durch deine Familie

····⟩ Positiv:

Negativ:

Prägung durch die Zeit, in der du lebst

····⟩ Positiv:

Negativ:

Prägung durch deinen ethnischen Hintergrund

····⟩ Positiv:

Negativ:

Prägung durch das Land in dem du lebst

····⟩ Positiv:

Negativ:

Prägung durch dein Geschlecht

····⟩ Positiv:

Negativ:

Prägung durch deinen Körper/dein Aussehen

---> Positiv:

    Negativ:

Prägung durch deine geistigen Fähigkeiten

---> Positiv:

    Negativ:

Prägung durch deine Ausbildung/deinen Beruf

---> Positiv:

    Negativ:

Welche drei Menschen, die du persönlich kanntest (kennst), haben dein Leben am stärksten geprägt?

--->

Wer sind deine größten zeitgenössischen oder historischen Vorbilder?

--->

Welche drei Bücher/Filme/Musikstücke haben dich am meisten geprägt?

--->

Zusammenfassung
Welche Dinge oder Personen haben dein Leben am stärksten geprägt?

---> Positiv:

    Negativ:

Tipp
Nimm dir Zeit, mit Gott über die negativen Prägungen zu reden und ihn um Heilung zu bitten. Nimm dir Zeit, um Gott für die vielen positiven Prägungen zu danken.

Entdecke deine geistlichen Gaben

Anleitung zur Bearbeitung

Du brauchst etwa eine halbe Stunde zum Ausfüllen dieses Tests. Gehe folgendermaßen vor:

1. Bewerte die Aussagen des Gabentests, die auf den nächsten Seiten gemacht werden, nach folgender Bewertungsskala:

Die Aussage trifft auf dich zu (Trage die Zahl in das Kästchen vor der Nummer ein.)
5 = sehr stark, sehr häufig
4 = stark, oft
2 = wenig stark, manchmal
1 = nur sehr schwach, selten
0 = gar nicht, nie

2. Wichtig: Bewerte dich ehrlich, nicht so, wie du gerne sein würdest oder wie du deiner Meinung nach sein solltest! Wie stark treffen diese Aussagen auf dich zu? Was war deine bisherige Erfahrung? Inwieweit spiegeln diese Aussagen die Ansichten wider, die du normalerweise vertrittst oder die deinem normalen Handeln entsprechen?

3. Trage in die Kästchen der Tabelle am Ende des Fragebogens die Zahlenwerte deiner Antwort ein - die Zahl in den Kästchen entspricht der Nummerierung der zu bewertenden Aussagen des Gabentests. Addiere die Zahlen in den Spalten zusammen und trage die Summe in die untere Spalte ein.

1. Mir macht es Spaß, Dinge zu planen und zu organisieren.

2. Ich baue gerne neue Dienste auf.

3. Es macht mir Freude, Dinge aus den verschiedensten Materialien zu gestalten.

4. Ich habe Freude daran, mich durch das Spielen eines Instruments oder durch Gesang auszudrücken.

5. Ich kann schnell zwischen geistlicher Wahrheit und Irrtum sowie zwischen Gut und Böse unterscheiden.

6. Ich betrachte Schwierigkeiten und Anfechtungen im Leben als eine Gelegenheit für geistliches Wachstum.

7. Ich kann Menschen, die nicht an Jesus glauben, das Evangelium klar vermitteln.

8. Es fällt mir leicht, darauf zu vertrauen, dass Gott auf meine Gebete antwortet.

9. Ich gebe im Rahmen meiner Möglichkeiten gerne und großzügig Geld an Menschen, die in finanzieller Not stecken oder an gute Projekte, die Unterstützung brauchen.

10. Ich arbeite lieber im Hintergrund und helfe damit anderen.

11. Andere Menschen bitten mich häufig, für ihre Heilung zu beten.

12. Wenn jemand in seiner Gebetssprache („in Zungen") betet, so spüre ich deutlich, was gesagt wird.

13. Menschen bitten mich häufig, ihnen Bibelstellen oder biblische Zusammenhänge zu erklären.

14. Ich kann andere Menschen dazu motivieren, ein Ziel zu erreichen.

15. Ich begleite gerne Menschen, die seelische Verletzungen haben, einfühlsam während des Heilungsprozesses.

16. Gott zeigt mir häufig Dinge über andere Menschen.

17. Ich investiere gerne Zeit in das geistliche Wachstum anderer Menschen.

18. Ich erkenne auch schwierige biblische Zusammenhänge und kann sie anderen so erklären, dass sie ihr Leben danach ausrichten können.

19. Andere Menschen fragen mich bei geistlichen und persönlichen Problemen häufig um Rat.

20. Ich habe erlebt, dass Gott auf mein Gebet hin Naturgesetze durchbrochen hat (z.B. radikale Wetterveränderung).

21. Ich erledige Hintergrundarbeiten sorgfältig und geschickt.

22. Es macht mir Freude, in der Gemeinde neue Dienstgruppen aufzubauen.

23. Ich bringe gerne Ideen auf kreative Weise zum Ausdruck.

24. Es fällt mir leichter Gott durch Musik zu loben, als ihn mit Taten oder Worten zu ehren.

25. Ich bin bereits nach kürzester Zeit in der Lage, den wahren Charakter eines Menschen zu erkennen.

26. Es fällt mir leicht, entmutigte Menschen wieder aufzurichten und zu stärken.

27. Ich verbringe gerne Zeit mit Menschen, die nicht an Jesus glauben und nutzte die Gelegenheiten, die sich bieten, um ihnen von meinem Glauben zu erzählen.

28. Es fällt mir auch in schwierigen Zeiten leicht, an Gottes Versorgung und Hilfe zu glauben.

29. Ich gebe mehr als meinen Zehnten, um die Arbeit der Gemeinde zu unterstützen.

30. Ich drücke Liebe und Mitgefühl lieber mit Taten als mit Worten aus.

31. Ich habe schon mehrfach erlebt, dass Kranke durch mein Händeauflegen gesund geworden sind.

32. Redet jemand in einer unbekannten Sprache, erscheinen mir Bilder vor meinem inneren Auge.

33. Der Heilige Geist gibt mir oft auf übernatürlichem Weg Informationen und Erkenntnisse.

34. Ich leite gerne Menschen an, die mir bei der Erfüllung gestellter Aufgaben zur Seite stehen.

35. Ich kann Menschen geduldig durch schmerzhafte Prozesse begleiten, und ihnen helfen, ihr Leben zu ordnen.

36. Ich nehme mir bewusst Zeit, um auf Gott zu hören, damit ich anderen Menschen Gottes konkreten Willen mitteilen kann.

37. Menschen, die mir anvertraut sind, versuche ich in jeder Hinsicht zu fördern.

38. Ich entdecke in der Bibel viele positive Prinzipien und kann auch andere motivieren, sie in ihrem Leben umzusetzen.

39. Ich kann einfache und praktische Lösungen bei Konflikten finden und komplizierte Situationen entwirren.

40. Gott hat durch mich übernatürliche Dinge getan. (z.B. Freisetzung von Drogen ohne Entzugserscheinungen)

☐ 41. Ich kann Ziele klar definieren und Strategien und Pläne entwickeln, um diese Ziele auch zu erreichen.

☐ 42. Ich kann erkennen, welche Menschen eine Schlüsselrolle spielen, um bestimmte Ziele zu erreichen.

☐ 43. Es fällt mir leicht und es macht mir Spaß, Dinge zu entwerfen und herzustellen.

☐ 44. Ich spiele auf meinem Instrument gerne eigene (selbstausgedachte) Melodien und/oder lobe Gott mit neuen Liedern.

☐ 45. Ich kann Unwahrheit und Täuschung schon in einem sehr frühen Stadium erkennen.

☐ 46. Ich kann andere Menschen mit Verheißungen Gottes ermutigen und ihnen neue Hoffnung geben.

☐ 47. Menschen, die noch nicht an Jesus glauben, sind oft sehr berührt, wenn ich ihnen von meinen Erfahrungen mit Jesus erzähle.

☐ 48. Ich bin davon überzeugt, dass ich mit Gottes Hilfe große Dinge vollbringen kann.

☐ 49. Ich gebe auch dann gern von meinem Besitz ab, wenn ich selbst nicht allzu viel habe.

☐ 50. Es macht mir viel Freude, Menschen, die meine Hilfe brauchen, zu helfen.

☐ 51. Ich bete gerne für die Heilung von Kranken und erwarte, dass sie gesund werden.

☐ 52. Häufig habe ich, wenn jemand Dinge auslegt, die ihm im Sprachengebet gezeigt wurden, genau die gleichen Eindrücke gehabt.

☐ 53. Ich nehme mir gerne Zeit zum Bibelstudium, weil es mir wichtig ist, Zusammenhänge und geistliche Wahrheiten zu entdecken.

☐ 54. Es macht mir Spaß, eigenverantwortlich Aufgaben zu übernehmen und zu organisieren.

☐ 55. Es macht mir Freude, mit Menschen aus Randgruppen Zeit zu verbringen.

☐ 56. Ich habe oft konkrete Eindrücke (Gedanken, innere Bilder, Träume) durch die mir Gott Lösungen für die Probleme von Menschen aufzeigt.

☐ 57. Es ist mir wichtig, mich umfassend (emotional, geistlich, sozial) um Menschen zu kümmern.

☐ 58. Ich achte genau auf Form, Inhalt und Intention, wenn jemand lehrt oder predigt.

☐ 59. Wenn ich verschieden Möglichkeiten zur Auswahl habe, fällt es mir leicht, den besten Weg zu entdecken.

☐ 60. Gott hat schon öfter Wunder bewirkt, nachdem ich gebetet habe.

☐ 61. Ich bin in der Lage, die Mittel, die zur Erfüllung einer Aufgabe nötig sind, zu finden und einzusetzen.

☐ 62. Ich kann mich gut an neue Situationen und eine neue Umgebung anpassen.

☐ 63. Es macht mir besondere Freude durch Dinge, die ich gestalte, Menschen und Gott zu dienen.

☐ 64. Ich habe bemerkt, dass Menschen Gott näher kommen, wenn ich singe oder musiziere.

☐ 65. Ich neige dazu, in Situationen zu erkennen, was richtig oder falsch ist.

☐ 66. Ich kann Menschen, die mutige Schritte gehen müssen, den nötigen Rückhalt geben.

☐ 67. Gott hat mich gebraucht, um andere Menschen zum Glauben an Jesus zu führen.

☐ 68. Ich vertraue Gott in Situationen, die durch menschliche Bemühungen allein nicht gelöst werden können.

☐ 69. Es macht mir Freude, mein Geld und meinen Besitz großzügig für die Arbeit im Reich Gottes zur Verfügung zu stellen.

☐ 70. Es fällt mir leicht, andere Leute zu unterstützen, indem ich ihnen Arbeit abnehme.

☐ 71. Ich motiviere Christen dazu, häufiger füreinander zu beten, wenn sie krank sind.

☐ 72. Wenn jemand in anderen Sprachen betet, habe ich häufig ein klares Empfinden für den Inhalt seines Gebets.

☐ 73. Ich kann oft genau erkennen, was Gott in einer bestimmten Situation tun will.

☐ 74. Ich setze mir klare Ziele und kann Menschen und Hilfsmittel so einsetzen, dass diese Ziele auch erreicht werden.

☐ 75. Ich habe das Bedürfnis, Menschen in schwierigen Lebensumständen praktisch zu helfen.

☐ 76. Ich kann Gottes Stimme deutlich hören.

☐ 77. Es macht mir große Freude, andere Menschen über einen langen Zeitraum hinweg zu begleiten und mich um sie zu kümmern.

☐ 78. Ich studiere die Bibel gerne sehr systematisch.

☐ 79. Ich kann Menschen und Gruppen gut beraten, weil ich klar erkennen kann, welche Auswirkungen ihr Handeln voraussichtlich haben wird.

☐ 80. Ich könnte mir gut vorstellen, eines Tages im Namen Jesu einen Toten wieder lebendig zu machen.

FEEDBACK-FRAGEBOGEN

Deine Meinung bitte!

Ich bin gerade dabei herauszufinden, welche Gaben und Fähigkeiten Gott mir gegeben hat.

Ein Teil dieses Prozesses besteht darin, von Menschen, die mich relativ gut kennen, Rückmeldung auf einige Fragen zu bekommen. Deine Meinung über die Art und Weise, wie ich mit anderen Menschen umgehe, ist sehr hilfreich für mich.

Du brauchst etwa 10 – 15 Minuten Zeit, um diesen Fragebogen für mich auszufüllen! Vielen Dank schon im Voraus!

┈⟩ Ausgefüllt von:

    Für:

Anleitung:

Bitte lies die untenstehende Beschreibung genau durch. Entscheide, inwieweit sie auf die Person zutrifft, die dir diesen Fragebogen zum Ausfüllen gegeben hat, und benote sie entsprechend der folgenden Bewertungsskala:

5 = Die Beschreibung trifft sehr stark zu
4 = Die Beschreibung trifft stark zu
2 = Die Beschreibung trifft wenig stark zu
1 = Die Beschreibung trifft nur sehr schwach zu
0 = Die Beschreibung trifft gar nicht zu

„Meiner Meinung nach liegen seine/ihre besonderen Stärken darin, ..."

A 1 ... systematische Strategien oder Pläne zu entwickeln, um gesetzte Ziele zu erreichen.

A2 ... Menschen, Aufgaben und Veranstaltungen zu koordinieren und Organisationen oder Gruppen zu helfen, effektiv zu arbeiten.

B1 ... Pionierarbeit in neuen Aufgaben zu leisten (z.B. eine neue Gemeinde oder einen neuen Dienstbereich aufzubauen).

B2 ... etwas Neues zu starten und gute Grundlagen zu legen, auf die andere aufbauen können.

C1 ... kreativ mit verschiedenen Materialen umzugehen.

C2 ... künstlerisch gestaltend tätig zu sein.

D1 ... zu musizieren oder zu singen

D2 ... Menschen und Gott durch musikalische Ausdrucksformen zu erfreuen.

E 1 ... zwischen Wahrheit und Irrtum, Gut und Böse zu unterscheiden; Charaktere gut beurteilen zu können; Falschheit und Täuschung zu durchschauen.

E2 ... anderen zu helfen, richtige und falsche Verhaltensmuster zu identifizieren.

F1 ... andere Menschen zu stärken und ihnen Bestätigung zu geben; Menschen zu ermutigen oder herauszufordern.

F2 ... andere Menschen zu persönlichem oder geistlichem Wachstum zu motivieren; Menschen zu unterstützen, die aktive Schritte gehen müssen.

G1 ... offen und wirkungsvoll über seinen / ihren Glauben (auch vor vielen Menschen) zu sprechen.

G2 ... mit Nichtchristen über geistliche Themen zu reden.

H1 ...Gott zuzutrauen, dass er „Unmögliches" tun kann.

H2 ... Gott zu vertrauen und deswegen auch auf Ziele zuzugehen, die anderen unrealistisch erscheinen.

I1 ... Menschen in Not oder bestimmte Projekte gerne und großzügig finanziell zu unterstützen.

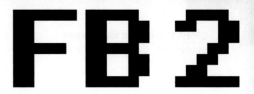

FEEDBACK-FRAGEBOGEN

Deine Meinung bitte!

Ich bin gerade dabei herauszufinden, welche Gaben und Fähigkeiten Gott mir gegeben hat.

Ein Teil dieses Prozesses besteht darin, von Menschen, die mich relativ gut kennen, Rückmeldung auf einige Fragen zu bekommen. Deine Meinung über die Art und Weise, wie ich mit anderen Menschen umgehe, ist sehr hilfreich für mich.

Du brauchst etwa 10 – 15 Minuten Zeit, um diesen Fragebogen für mich auszufüllen! Vielen Dank schon im Voraus!

⤳ Ausgefüllt von:

Für:

Anleitung:

Bitte lies die untenstehende Beschreibung genau durch. Entscheide, inwieweit sie auf die Person zutrifft, die dir diesen Fragebogen zum Ausfüllen gegeben hat, und benote sie entsprechend der folgenden Bewertungsskala:

5 = Die Beschreibung trifft sehr stark zu
4 = Die Beschreibung trifft stark zu
2 = Die Beschreibung trifft wenig stark zu
1 = Die Beschreibung trifft nur sehr schwach zu
0 = Die Beschreibung trifft gar nicht zu

„Meiner Meinung nach liegen seine/ihre besonderen Stärken darin, ...“

☐ A 1 ... systematische Strategien oder Pläne zu entwickeln, um gesetzte Ziele zu erreichen.

☐ A2 ... Menschen, Aufgaben und Veranstaltungen zu koordinieren und Organisationen oder Gruppen zu helfen, effektiv zu arbeiten.

☐ B1 ... Pionierarbeit in neuen Aufgaben zu leisten (z.B. eine neue Gemeinde oder einen neuen Dienstbereich aufzubauen).

☐ B2 ... etwas Neues zu starten und gute Grundlagen zu legen, auf die andere aufbauen können.

☐ C1 ... kreativ mit verschiedenen Materialen umzugehen.

☐ C2 ... künstlerisch gestaltend tätig zu sein.

☐ D1 ... zu musizieren oder zu singen

☐ D2 ... Menschen und Gott durch musikalische Ausdrucksformen zu erfreuen.

☐ E 1 ... zwischen Wahrheit und Irrtum, Gut und Böse zu unterscheiden; Charaktere gut beurteilen zu können; Falschheit und Täuschung zu durchschauen.

☐ E2 ... anderen zu helfen, richtige und falsche Verhaltensmuster zu identifizieren.

☐ F1 ... andere Menschen zu stärken und ihnen Bestätigung zu geben; Menschen zu ermutigen oder herauszufordern.

☐ F2 ... andere Menschen zu persönlichem oder geistlichem Wachstum zu motivieren; Menschen zu unterstützen, die aktive Schritte gehen müssen.

☐ G1 ... offen und wirkungsvoll über seinen / ihren Glauben (auch vor vielen Menschen) zu sprechen.

☐ G2 ... mit Nichtchristen über geistliche Themen zu reden.

☐ H1 ...Gott zuzutrauen, dass er „Unmögliches“ tun kann.

☐ H2 ... Gott zu vertrauen und deswegen auch auf Ziele zuzugehen, die anderen unrealistisch erscheinen.

☐ I1 ... Menschen in Not oder bestimmte Projekte gerne und großzügig finanziell zu unterstützen.

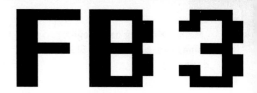

FEEDBACK-FRAGEBOGEN

Deine Meinung bitte!
Ich bin gerade dabei herauszufinden, welche Gaben und Fähigkeiten Gott mir gegeben hat.

Ein Teil dieses Prozesses besteht darin, von Menschen, die mich relativ gut kennen, Rückmeldung auf einige Fragen zu bekommen. Deine Meinung über die Art und Weise, wie ich mit anderen Menschen umgehe, ist sehr hilfreich für mich.

Du brauchst etwa 10 – 15 Minuten Zeit, um diesen Fragebogen für mich auszufüllen! Vielen Dank schon im Voraus!

·····⟩ Ausgefüllt von:

     Für:

Anleitung:
Bitte lies die untenstehende Beschreibung genau durch. Entscheide, inwieweit sie auf die Person zutrifft, die dir diesen Fragebogen zum Ausfüllen gegeben hat, und benote sie entsprechend der folgenden Bewertungsskala:

5 = Die Beschreibung trifft sehr stark zu
4 = Die Beschreibung trifft stark zu
2 = Die Beschreibung trifft wenig stark zu
1 = Die Beschreibung trifft nur sehr schwach zu
0 = Die Beschreibung trifft gar nicht zu

„Meiner Meinung nach liegen seine/ihre besonderen Stärken darin, ..."

A 1 ... systematische Strategien oder Pläne zu entwickeln, um gesetzte Ziele zu erreichen.

A2 ... Menschen, Aufgaben und Veranstaltungen zu koordinieren und Organisationen oder Gruppen zu helfen, effektiv zu arbeiten.

B1 ... Pionierarbeit in neuen Aufgaben zu leisten (z.B. eine neue Gemeinde oder einen neuen Dienstbereich aufzubauen).

B2 ... etwas Neues zu starten und gute Grundlagen zu legen, auf die andere aufbauen können.

C1 ... kreativ mit verschiedenen Materialen umzugehen.

C2 ... künstlerisch gestaltend tätig zu sein.

D1 ... zu musizieren oder zu singen

D2 ... Menschen und Gott durch musikalische Ausdrucksformen zu erfreuen.

E 1 ... zwischen Wahrheit und Irrtum, Gut und Böse zu unterscheiden; Charaktere gut beurteilen zu können; Falschheit und Täuschung zu durchschauen.

E2 ... anderen zu helfen, richtige und falsche Verhaltensmuster zu identifizieren.

F1 ... andere Menschen zu stärken und ihnen Bestätigung zu geben; Menschen zu ermutigen oder herauszufordern.

F2 ... andere Menschen zu persönlichem oder geistlichem Wachstum zu motivieren; Menschen zu unterstützen, die aktive Schritte gehen müssen.

G1 ... offen und wirkungsvoll über seinen / ihren Glauben (auch vor vielen Menschen) zu sprechen.

G2 ... mit Nichtchristen über geistliche Themen zu reden.

H1 ...Gott zuzutrauen, dass er „Unmögliches" tun kann.

H2 ... Gott zu vertrauen und deswegen auch auf Ziele zuzugehen, die anderen unrealistisch erscheinen.

I1 ... Menschen in Not oder bestimmte Projekte gerne und großzügig finanziell zu unterstützen.

„Meiner Meinung nach liegen seine/ihre besonderen Stärken darin, ..."

M2 ... Wissen und Erfahrungen mit anderen Menschen zu teilen, wenn er/sie danach gefragt wird.

N1 ... verantwortlich Gruppen zu leiten und andere Menschen anzuleiten.

I 2 ... seinen ihren Lebensstil so zu gestalten, dass er/sie immer noch viel Geld zur Unterstützung anderer geben kann.

N2 ... gesteckte Ziele zu dadurch zu erreichen, dass er/sie andere Menschen motiviert und effektiv einsetzt.

J1 ... im Hintergrund zu arbeiten und damit die Arbeit anderer Menschen zu unterstützen.

J2 ... kleine Aufgaben zu finden, die erledigt werden müssen und sie zu erledigen, ohne erst darum gebeten worden zu sein.

o1 ... Mitleid mit Menschen zu haben, die unter seelischen Verletzungen leiden; geduldig und einfühlsam Menschen durch schmerzhafte Erfahrungen zu begleiten.

K1 ... für Kranke zu beten.

O2 ... Menschen aus gesellschaftlichen Randgruppen zu helfen.

K2 ... kranken Menschen die Hände aufzulegen und sie mit Öl zu salben. Dabei geschieht oft eine spontane Heilung oder ein Heilungsprozess setzt ein.

P1 ... auf Gottes Stimme zu hören und von ihm Inspiration zu empfangen; dies anderen Menschen so weiterzugeben, dass sie dadurch ermutigt, getröstet oder gestärkt werden.

L1 ... Gebet (oder Gesang) in anderen vom Heiligen Geist inspirierten Sprachen zu verstehen.

L2 ... Botschaften oder Gesang in anderen Sprachen für andere zu interpretieren.

P2 ...Gedanken, Bilder oder Träume von Gott zu erhalten, die Informationen über die Gegenwart oder Zukunft enthalten, die er/sie nicht auf natürlichem Wege erhalten hat.

M1 ... viel Zeit und Sorgfalt auf Themen zu verwenden, in die er/sie mehr Einblick haben möchte.

Q1 ... eine Gruppe von Menschen über lange Zeit hinweg zu begleiten und zu fördern.

„Meiner Meinung nach liegen seine/ihre besonderen Stärken darin, ..."

VIELEN DANK FÜR DEINE BEWERTUNGEN.

GIBT ES NOCH ETWAS ANZUFÜGEN?

HIER KANNST DU NOCH PERSÖNLICHE BEMERKUNGEN LOSWERDEN!

....⟩

☐ Q2 ... einen Menschen ganzheitlich anzuleiten und geduldig, aber zielgerichtet in seinem geistlichen Wachstum zu fördern.

☐ R1 ... biblische Aussagen und Prinzipien zu studieren, zu verstehen und weiterzugeben; Material zu entwickeln, das etwas leicht und verständlich vermittelt.

☐ R2 ... so zu lehren, dass andere Menschen dazu bewegt werden, ihr Leben zu ändern.

☐ S1 ...einfache und praktische Lösungen in einem Konflikt oder einer unklaren Situation zu finden und dadurch Menschen hilfreiche Ratschläge zu geben.

☐ S2 ... Menschen zu helfen, praktische Schritte zu gehen, um ihre Probleme zu lösen.

☐ T1 ... Wunder zu wirken, welche übernatürlichen Charakter haben und nicht erklärbar sind.

☐ T2 ... durch sein/ihr Leben zu demonstrieren, dass Gott auch heute noch Wunder wirkt.

„Meiner Meinung nach liegen seine/ihre besonderen Stärken darin, ..."

☐ I 2 ... seinen ihren Lebensstil so zu gestalten, dass er/sie immer noch viel Geld zur Unterstützung anderer geben kann.

☐ J1 ... im Hintergrund zu arbeiten und damit die Arbeit anderer Menschen zu unterstützen.

☐ J2 ... kleine Aufgaben zu finden, die erledigt werden müssen und sie zu erledigen, ohne erst darum gebeten worden zu sein.

☐ K1 ... für Kranke zu beten.

☐ K2 ... kranken Menschen die Hände aufzulegen und sie mit Öl zu salben. Dabei geschieht oft eine spontane Heilung oder ein Heilungsprozess setzt ein.

☐ L1 ... Gebet (oder Gesang) in anderen vom Heiligen Geist inspirierten Sprachen zu verstehen.

☐ L2 ... Botschaften oder Gesang in anderen Sprachen für andere zu interpretieren.

☐ M1 ... viel Zeit und Sorgfalt auf Themen zu verwenden, in die er/sie mehr Einblick haben möchte.

☐ M2 ... Wissen und Erfahrungen mit anderen Menschen zu teilen, wenn er/sie danach gefragt wird.

☐ N1 ... verantwortlich Gruppen zu leiten und andere Menschen anzuleiten.

☐ N2 ... gesteckte Ziele zu dadurch zu erreichen, dass er/sie andere Menschen motiviert und effektiv einsetzt.

☐ o1 ... Mitleid mit Menschen zu haben, die unter seelischen Verletzungen leiden; geduldig und einfühlsam Menschen durch schmerzhafte Erfahrungen zu begleiten.

☐ O2 ... Menschen aus gesellschaftlichen Randgruppen zu helfen.

☐ P1 ... auf Gottes Stimme zu hören und von ihm Inspiration zu empfangen; dies anderen Menschen so weiterzugeben, dass sie dadurch ermutigt, getröstet oder gestärkt werden.

☐ P2 ...Gedanken, Bilder oder Träume von Gott zu erhalten, die Informationen über die Gegenwart oder Zukunft enthalten, die er/sie nicht auf natürlichem Wege erhalten hat.

☐ Q1 ... eine Gruppe von Menschen über lange Zeit hinweg zu begleiten und zu fördern.

„Meiner Meinung nach liegen
seine/ihre besonderen Stärken
darin, ..."

**VIELEN DANK FÜR DEINE
BEWERTUNGEN.**

**GIBT ES NOCH ETWAS
ANZUFÜGEN?**

**HIER KANNST DU NOCH
PERSÖNLICHE BEMER-
KUNGEN LOSWERDEN!**

☐ Q2 ... einen Menschen ganzheitlich anzuleiten und geduldig, aber
zielgerichtet in seinem geistlichen Wachstum zu fördern.

☐ R1 ... biblische Aussagen und
Prinzipien zu studieren, zu
verstehen und weiterzugeben;
Material zu entwickeln, das etwas
leicht und verständlich vermittelt.

☐ R2 ... so zu lehren, dass andere
Menschen dazu bewegt werden,
ihr Leben zu ändern.

☐ S1 ...einfache und praktische
Lösungen in einem Konflikt oder
einer unklaren Situation zu finden
und dadurch Menschen hilfreiche
Ratschläge zu geben.

☐ S2 ... Menschen zu helfen, praktische Schritte zu gehen, um ihre
Probleme zu lösen.

☐ T1 ... Wunder zu wirken, welche
übernatürlichen Charakter haben
und nicht erklärbar sind.

☐ T2 ... durch sein/ihr Leben zu
demonstrieren, dass Gott auch
heute noch Wunder wirkt.

„Meiner Meinung nach liegen seine/ihre besonderen Stärken darin, ..."

☐ I 2 ... seinen ihren Lebensstil so zu gestalten, dass er/sie immer noch viel Geld zur Unterstützung anderer geben kann.

☐ J1 ... im Hintergrund zu arbeiten und damit die Arbeit anderer Menschen zu unterstützen.

☐ J2 ... kleine Aufgaben zu finden, die erledigt werden müssen und sie zu erledigen, ohne erst darum gebeten worden zu sein.

☐ K1 ... für Kranke zu beten.

☐ K2 ... kranken Menschen die Hände aufzulegen und sie mit Öl zu salben. Dabei geschieht oft eine spontane Heilung oder ein Heilungsprozess setzt ein.

☐ L1 ... Gebet (oder Gesang) in anderen vom Heiligen Geist inspirierten Sprachen zu verstehen.

☐ L2 ... Botschaften oder Gesang in anderen Sprachen für andere zu interpretieren.

☐ M1 ... viel Zeit und Sorgfalt auf Themen zu verwenden, in die er/sie mehr Einblick haben möchte.

☐ M2 ... Wissen und Erfahrungen mit anderen Menschen zu teilen, wenn er/sie danach gefragt wird.

☐ N1 ... verantwortlich Gruppen zu leiten und andere Menschen anzuleiten.

☐ N2 ... gesteckte Ziele zu dadurch zu erreichen, dass er/sie andere Menschen motiviert und effektiv einsetzt.

☐ O1 ... Mitleid mit Menschen zu haben, die unter seelischen Verletzungen leiden; geduldig und einfühlsam Menschen durch schmerzhafte Erfahrungen zu begleiten.

☐ O2 ... Menschen aus gesellschaftlichen Randgruppen zu helfen.

☐ P1 ... auf Gottes Stimme zu hören und von ihm Inspiration zu empfangen; dies anderen Menschen so weiterzugeben, dass sie dadurch ermutigt, getröstet oder gestärkt werden.

☐ P2 ...Gedanken, Bilder oder Träume von Gott zu erhalten, die Informationen über die Gegenwart oder Zukunft enthalten, die er/sie nicht auf natürlichem Wege erhalten hat.

☐ Q1 ... eine Gruppe von Menschen über lange Zeit hinweg zu begleiten und zu fördern.

„Meiner Meinung nach liegen seine/ihre besonderen Stärken darin, ..."

VIELEN DANK FÜR DEINE BEWERTUNGEN.

GIBT ES NOCH ETWAS ANZUFÜGEN?

HIER KANNST DU NOCH PERSÖNLICHE BEMERKUNGEN LOSWERDEN!

....⟩

☐ Q2 ... einen Menschen ganzheitlich anzuleiten und geduldig, aber zielgerichtet in seinem geistlichen Wachstum zu fördern.

☐ R1 ... biblische Aussagen und Prinzipien zu studieren, zu verstehen und weiterzugeben; Material zu entwickeln, das etwas leicht und verständlich vermittelt.

☐ R2 ... so zu lehren, dass andere Menschen dazu bewegt werden, ihr Leben zu ändern.

☐ S1 ...einfache und praktische Lösungen in einem Konflikt oder einer unklaren Situation zu finden und dadurch Menschen hilfreiche Ratschläge zu geben.

☐ S2 ... Menschen zu helfen, praktische Schritte zu gehen, um ihre Probleme zu lösen.

☐ T1 ... Wunder zu wirken, welche übernatürlichen Charakter haben und nicht erklärbar sind.

☐ T2 ... durch sein/ihr Leben zu demonstrieren, dass Gott auch heute noch Wunder wirkt.

81. Ich helfe gerne Teams und Organisationen, effektiver zu arbeiten.

82. Ich liebe die Herausforderung, neue Dinge für Gott aufzubauen.

83. Ich habe Freude daran, kreative Wege zu finden, um Gottes Charakter auszudrücken.

84. Ich will meine musikalischen Fähigkeiten ausbauen, um Gott in besserer Qualität anbeten zu können.

85. Andere Menschen bestätigen mir häufig, dass meine Einsichten und Empfindungen korrekt sind.

86. Ich stärke Menschen, die im Glauben unsicher sind.

87. Ich erzähle anderen Menschen offen, dass ich Christ bin und hoffe, dass sie daraufhin noch mehr Interesse an meinem Glauben zeigen.

88. Ziele, die meine menschlichen Möglichkeiten übersteigen, motivieren mich und fordern mich heraus.

89. Ich überdenke von Zeit zu Zeit die Verwendung meiner Finanzen, damit ich mehr Geld in Gottes Reich investieren kann.

90. Ich erledige oft kleine Aufgaben ohne erst darum gebeten zu werden.

91. Ich würde gerne in einem Team mitarbeiten, das für die Heilung von Kranken betet.

92. Ich setze mich gerne intensiv mit verschiedenen Ansichten zu einem Thema auseinander, weil ich alle Fakten abwägen und zu klaren Erkenntnissen kommen will.

93. Ich weiß häufig Dinge über andere Menschen, ohne zuerst davon gehört zu haben.

94. Ich arbeite gerne mit Menschen zusammen und möchte sehen, dass sie dabei ihr Bestes entfalten können.

95. Es bedrückt mich, wenn ich Menschen, die offensichtlich in Not sind, nicht sofort helfen kann.

96. Ich habe erlebt, dass es für Menschen oft ein „Reden Gottes" war, wenn ich ihnen meine Gedanken weitergegeben habe.

97. Es macht mir Spaß, eine Gruppe von Menschen zu begleiten und ihr geistliche und praktische Hilfestellung zu geben.

98. Ich kann so über die Bibel sprechen, dass andere Menschen angeregt werden, selbst intensiver die Bibel zu studieren.

99. Ich gebe praktische Ratschläge, die anderen Menschen helfen, schwierige Situationen zu bewältigen.

☐ 100. Es ist mir wichtig, dass auch heute noch Zeichen und Wunder geschehen.

☐ 101. Ich lerne gerne etwas darüber, wie Organisationen funktionieren.

☐ 102. Ich leiste gerne bei neuen Aufgaben Pionierarbeit .

☐ 103. Wenn ich etwas Praktisches oder Kreatives mit meinen Händen tue, befriedigt mich das sehr.

☐ 104. Ich bringe mich gerne dort ein, wo Gott durch Musik angebetet wird.

☐ 105. Ich kann schnell erkennen, wenn eine Lehre nicht mit den Aussagen der Bibel übereinstimmt.

☐ 106. Ich motiviere gerne andere Menschen konkrete Schritte zu gehen, um im Glauben zu wachsen.

☐ 107. Ich motiviere auch andere Christen, ihren Freunden von Jesus erzählen.

☐ 108. Es macht mir Freude, Ziele zu formulieren, die andere für unerreichbar halten und Gott zu vertrauen, dass er sie erfüllen wird.

☐ 109. Ich bin mir meiner finanziellen Verantwortung Gott gegenüber bewusst und gebe großzügig.

☐ 110. Ich blühe auf, wenn ich andere dabei unterstützen kann, ihre Aufgaben zu erledigen.

☐ 111. Ich würde immer für einen Kranken beten, egal wie schlimm seine Krankheit ist.

☐ 112. Oft erlebe ich, dass ich Dinge einfach „spüre" und dabei vollkommen recht habe.

☐ 113. Ich entdecke beim Bibelstudium häufig wichtige Aussagen, die auch anderen Christen helfen.

☐ 114. Ich kann anderen eine neue Perspektive so vermitteln, dass sie offen dafür sind und bereit werden, eine neue Richtung einzuschlagen.

☐ 115. Mein Platz ist bei den Menschen, die Not leiden. Sie sind für mich am wichtigsten.

☐ 116. Ich erlebe oft, dass meine Worte andere ermutigen und trösten.

☐ 117. Dass Christen persönlich und geistlich treu versorgt und begleitet werden, ist mir besonders wichtig.

☐ 118. Ich kann anderen Menschen Wissen so vermitteln, dass sie es leicht verstehen und in ihrem Leben umsetzen können.

☐ 119. Ich weiß oft, wie man konkrete biblische Aussagen praktisch im Leben umsetzen kann.

☐ 120. Ich möchte, dass Gott mich gebraucht, um den Menschen seine Größe und Macht durch Zeichen und Wunder zu zeigen.

121. Ich kann komplexe Zusammenhänge leicht erfassen und gute Lösungskonzepte entwickeln.

122. Ich kann Dienste, die über eine Gemeinde hinausgehen, überblicken und koordinieren.

123. Ich habe immer wieder neue Ideen, wie man Dinge in der Gemeinde kreativ gestalten kann.

124. Ich mache anderen Menschen gerne Freude, indem ich für sie musiziere oder singe.

125. Ich spüre es deutlich, wenn Menschen von dämonischen Kräften beeinflusst sind.

126. Ich kann Menschen zu stärkerem geistlichen Wachstum motivieren und herausfordern.

127. Ich nutze alle Gelegenheiten, die sich bieten, um mit Nichtchristen über geistliche Themen zu reden.

128. Wenn ich spüre, dass Gott hinter einer Sache steht, kann ich ihm ungeachtet aller Probleme vertrauen.

129. Ich gebe Geld nicht leichtsinnig aus, sondern investiere es in gute Projekte.

130. Ich freue mich, wenn ich anderen Menschen dabei helfen konnte, etwas zu schaffen.

131. Wenn jemand über gesundheitliche Beschwerden klagt, biete ich spontan Gebet an.

132. Gott redet oft sehr konkret zu mir, wenn ich jemandem zuhöre, der in anderen Sprachen betet.

133. Ich teile mein Wissen und meine Erfahrungen gerne mit anderen Menschen.

134. Ich kann anderen Menschen helfen, gesetzte Ziele auch zu erreichen.

135. Ich helfe anderen gerne im Haushalt, bei Umzügen, beim Reparieren oder bei sonstigen praktischen Dingen.

136. Gott spricht häufig und konkret zu mir.

137. Es macht mir Freude, andere Menschen auf ihrem Weg als Christen zu begleiten.

138. Ich motiviere andere Menschen gerne dadurch, dass ich ihnen Sachverhalte und Zusammenhänge erkläre.

139. Es fällt mir leicht, Menschen in komplizierten Situationen einen praktischen, anwendbaren Rat zu geben.

140. Ich erlebe immer wieder, dass Jesus durch mich Zeichen und Wunder tut.

Gabentest Auswertung

Trage die Punkte der einzelnen Fragen in untenstehendes Raster ein und addiere jeweils die Punkte einer vertikalen (senkrechten) Spalte.

1	2	3	4	5	6	7	8	9	10	11	12	13	14	15	16	17	18	19	20
21	22	23	24	25	26	27	28	29	30	31	32	33	34	35	36	37	38	39	40
41	42	43	44	45	46	47	48	49	50	51	52	53	54	55	56	57	58	59	60
61	62	63	64	65	66	67	68	69	70	71	72	73	74	75	76	77	78	79	80
81	82	83	84	85	86	87	88	89	90	91	92	93	94	95	96	97	98	99	100
101	102	103	104	105	106	107	108	109	110	111	112	113	114	115	116	117	118	119	120
121	121	123	124	125	126	127	128	129	130	131	132	133	134	135	136	137	138	139	140

Summe

A	B	C	D	E	F	G	H	I	J	K	L	M	N	O	P	Q	R	S	T

Schlüssel zu den geistlichen Gaben

A = ORGANISATION	H = GLAUBE	O = BARMHERZIGKEIT
B = APOSTEL	I = GEBEN	P = PROPHETIE
C = HANDWERK	J = HELFEN	Q = PASTORALE FÜRSORGE
D = KREATIVITÄT	K = HEILUNG	R = LEHREN
E = UNTERSCHEIDUNG DER GEISTER	L = AUSLEGUNG VON SPRACHENGEBET	S = WEISHEIT
		T = WUNDERTATEN
F = ERMUTIGUNG	M = ERKENNTNIS	
G = EVANGELISATION	N = LEITUNG	

Meine ausgeprägtesten geistlichen Gaben gemäss Gabentest

1.

2.

3.

FEEDBACK-FRAGEBOGEN

Anleitung:
Das Testheft enthält in der Heftmitte drei Feedback-Fragebögen. Trenne diese heraus und gib je einen Fragebogen an einen Christen, den du gut kennst.

Bitte ihn/sie, diesen Fragebogen auszufüllen und schnellstmöglich an dich zurückzugeben. Das ist besonders wichtig, wenn du dieses Heft im Rahmen eines Kurses durcharbeitest und so das Feedback deiner Freunde mit anderen Teilnehmern und deinem Kursleiter besprechen kannst.

Wenn irgend möglich, gib die Fragebögen an Menschen weiter, die dich bereits in einem Dienst in der Gemeinde erlebt haben und die sich mit geistlichen Gaben auskennen.

Wenn du noch neu im Glauben bist, dann gib die Fragebögen einfach an gute Freunde weiter, die dich und deine Gaben kennen und beurteilen können.

Sie sollten die Fragen aus ihren allgemeinen Beobachtungen und aus ihren Erfahrungen mit dir beantworten.

Auswertung Feedback – Fragebögen

Zähle die Punkte zusammen, die du pro Buchstabe (z. B. $A_1 + A_2 = ...$) erhalten hast und trage sie in die Spalten ein. Dann überprüfe, bei welchen Geistesgaben du insgesamt die höchsten Punktzahlen hast.

Geistesgabe	FB 1	FB 2	FB 3
A. Organisation			
B. Apostel			
C. Handwerk			
D. Kreativität			
E. Unterscheidung der Geister			
F. Ermutigung			
G. Evangelisation			
H. Glaube			
I. Geben			
J. Helfen			
K. Heilung			
L. Auslegung von Sprachengebet			
M. Erkenntnis			
N. Leitung			
O. Barmherzigkeit			
P. Prophetie			
Q. Pastorale Fürsorge			
R. Lehren			
S. Weisheit			
T. Wundertaten			

Meine ausgeprägtesten geistlichen Gaben gemäss Feedbackbögen sind:

1.   2.   3.

Sonstige wichtige Anmerkungen deiner Freunde:

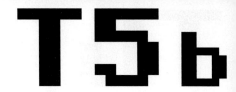

UNSTRUKTURIERTES FEEDBACK

Rede mit einem oder mehreren Menschen, die dich kennen, über dich und deine
Gaben und schreibe dir auf, was sie auf untenstehende Fragen antworten.

Worin sehen andere meine (besonderen) Gaben?

·····⟩

Für welche Aufgaben in der Gemeinde halten sie mich für geeignet?

·····⟩

PERSÖNLICHKEITSSTIL

In jeder der nachfolgenden Zeilen stehen vier Begriffe. Kreuze in jeder Zeile spontan den Begriff an, der dich am ehesten beschreibt. Stelle sicher, dass du in jeder Zeile genau ein Kreuz gemacht hast.

Stärken

1.	ABENTEUERLUSTIG		ANPASSUNGSFÄHIG		LEBHAFT		ANALYTISCH	
2.	HARTNÄCKIG		VERSPIELT		ÜBERZEUGEND		FRIEDLICH	
3.	UNTERWÜRFIG		AUFOPFERUNGSVOLL		GESELLIG		WILLENSSTARK	
4.	RÜCKSICHTSVOLL		BEHERRSCHT		EHRGEIZIG		ÜBERZEUGEND	
5.	ERFRISCHEND		RESPEKTVOLL		ZURÜCKHALTEND		EINFALLSREICH	
6.	ZUFRIEDEN		SENSIBEL		SELBSTSTÄNDIG		TEMPERAMENTVOLL	
7.	VORAUSPLANEND		GEDULDIG		POSITIV		FÖRDERND	
8.	SICHER		SPONTAN		ORGANISIERT		SCHÜCHTERN	
9.	ORDENTLICH		VERBINDLICH		DIREKT		OPTIMISTISCH	
10.	FREUNDLICH		TREU		LUSTIG		ENERGISCH	
11.	MUTIG		REIZVOLL		DIPLOMATISCH		GENAU	
12.	FRÖHLICH		BESTÄNDIG		GEBILDET		SELBSTBEWUSST	
13.	IDEALISTISCH		UNABHÄNGIG		HARMLOS		ANREGEND	
14.	ÜBERSCHWÄNGLICH		ENTSCHEIDUNGSFREUDIG		HUMORVOLL		TIEFGRÜNDIG	
15.	VERMITTELND		MUSIKALISCH		ANTREIBEND		KONTAKTFREUDIG	
16.	NACHDENKLICH		HARTNÄCKIG		GESPRÄCHIG		TOLERANT	
17.	GEDULDIG		TREU		FÜHREND		LEBHAFT	
18.	GENÜGSAM		BESTIMMT		PLANEND		NETT	
19.	GENAU		ANGENEHM		PRODUKTIV		BELIEBT	
20.	MUNTER		MUTIG		WOHLERZOGEN		AUSGEGLICHEN	

Schwächen

1.	UNAUFFÄLLIG		SCHÜCHTERN		UNVERSCHÄMT		HERRISCH	
2.	UNDISZIPLINIERT		UNSYMPATHISCH		BEGEISTERUNGSLOS		UNVERSÖHNLICH	
3.	STARR		ÄRGERLICH		WIDERSPENSTIG		WIEDERHOLEND	
4.	KLEINLICH		ÄNGSTLICH		VERGESSLICH		ZU DIREKT	
5.	UNGEDULDIG		UNSICHER		UNSCHLÜSSIG		BEHINDERND	
6.	UNBELIEBT		UNBETEILIGT		UNBERECHENBAR		ABWEISEND	
7.	DICKKÖPFIG		WILLKÜRLICH		ANSPRUCHSVOLL		ZÖGERND	
8.	ABWEISEND		PESSIMISTISCH		STOLZ		NACHGIEBIG	
9.	REIZBAR		ZIELLOS		STREITSÜCHTIG		KONTAKTSCHEU	
10.	NAIV		SCHWARZSEHERISCH		FRECH		LÄSSIG	
11.	SORGENVOLL		VERSCHLOSSEN		ARBEITSSÜCHTIG		EHRGEIZIG	
12.	ÜBERSENSIBEL		VERLETZEND		ZAGHAFT		REDSELIG	
13.	ZWEIFELND		UNORGANISIERT		DOMINIEREND		DEPRIMIERT	
14.	INKONSEQUENT		INTROVERTIERT		INTOLERANT		GLEICHGÜLTIG	
15.	OBERFLÄCHLICH		LAUNISCH		MUFFELIG		MANIPULIEREND	
16.	LANGSAM		STUR		ANGEBERISCH		SKEPTISCH	
17.	EINZELGÄNGERISCH		ÜBERHEBLICH		FAUL		AUFDRINGLICH	
18.	TRÄGE		MISSTRAUISCH		AUFBRAUSEND		ZERSTREUT	
19.	RACHSÜCHTIG		RASTLOS		WIDERWILLIG		UNBESONNEN	
20.	BLOSSSTELLEND		KRITISCH		ARGLISTIG		WANKELMÜTIG	

AUSWERTUNGSTABELLEN

Zähle die Kreuzchen in jeder Spalte zusammen und trage die Summe in das dafür vorgesehene Feld ein.

Stärken

1	LEBHAFT		ABENTEUERLUSTIG		ANALYTISCH		ANPASSUNGSFÄHIG	
2	VERSPIELT		ÜBERZEUGEND		HARTNÄCKIG		FRIEDLICH	
3	GESELLIG		WILLENSSTARK		AUFOPFERUNGSVOLL		UNTERWÜRFIG	
4	ÜBERZEUGEND		EHRGEIZIG		RÜCKSICHTSVOLL		BEHERRSCHT	
5	ERFRISCHEND		EINFALLSREICH		RESPEKTVOLL		ZURÜCKHALTEND	
6	TEMPERAMENTVOLL		SELBSTÄNDIG		SENSIBEL		ZUFRIEDEN	
7	FÖRDERND		POSITIV		VORAUSPLANEND		GEDULDIG	
8	SPONTAN		SICHER		ORGANISIERT		SCHÜCHTERN	
9	OPTIMISTISCH		DIREKT		ORDENTLICH		VERBINDLICH	
10.	LUSTIG		ENERGISCH		TREU		FREUNDLICH	
11.	REIZVOLL		MUTIG		GENAU		DIPLOMATISCH	
12.	FRÖHLICH		SELBSTBEWUSST		GEBILDET		BESTÄNDIG	
13.	ANREGEND		UNABHÄNGIG		IDEALISTISCH		HARMLOS	
14	ÜBERSCHWENGLICH		ENTSCHEIDUNGSFREUDIG		TIEFGRÜNDIG		HUMORVOLL	
15.	KONTAKTFREUDIG		ANTREIBEND		MUSIKALISCH		VERMITTELND	
16.	GESPRÄCHIG		HARTNÄCKIG		NACHDENKLICH		TOLERANT	
17.	LEBHAFT		FÜHREND		TREU		GEDULDIG	
18.	NETT		BESTIMMT		PLANEND		GENÜGSAM	
19.	BELIEBT		PRODUKTIV		GENAU		ANGENEHM	
20.	MUNTER		MUTIG		WOHLERZOGEN		AUSGEGLICHEN	
SUMME								

Schwächen

1.	UNVERSCHÄMT		HERRISCH		SCHÜCHTERN		UNAUFFALLIG	
2.	UNDISZIPLINIERT		UNSYMPATHISCH		UNVERSÖHNLICH		BEGEISTERUNGSLOS	
3.	WIEDERHOLEND		WIDERSPENSTIG		ÄRGERLICH		STARR	
4.	VERGESSLICH		ZU DIREKT		KLEINLICH		ÄNGSTLICH	
5.	BEHINDERND		UNGEDULDIG		UNSICHER		UNSCHLÜSSIG	
6.	UNBERECHENBAR		ABWEISEND		UNBELIEBT		UNBETEILIGT	
7.	WILIKÜRLICH		DICKKÖPFIG		ANSPRUCHSVOLL		ZÖGERND	
8.	NACHGIEBIG		STOLZ		PESSIMISTISCH		ABWEISEND	
9.	REIZBAR		STREITSÜCHTIG		KONTAKTSCHEU		ZIELLOS	
10.	NAIV		FRECH		SCHWARZSEHERISCH		LÄSSIG	
11.	EHRGEIZIG		ARBEITSSÜCHTIG		VERSCHLOSSEN		SORGENVOLL	
12.	REDSELIG		VERLETZEND		ÜBERSENSIBEL		ZAGHAFT	
13.	UNORGANISIERT		DOMINIEREND		DEPRIMIERT		ZWEIFELND	
14.	INKONSEQUENT		INTOLERANT		INTROVERTIERT		GLEICHGÜLTIG	
15.	OBERFLÄCHLICH		MANIPULIEREND		LAUNISCH		MUFFELIG	
16.	ANGEBERISCH		STUR		SKEPTISCH		LANGSAM	
17.	AUFDRINGLICH		ÜBERHEBLICH		EINZELGÄNGERISCH		FAUL	
18.	ZERSTREUT		AUFBRAUSEND		MISSTRAUISCH		TRÄGE	
19.	RASTLOS		UNBESONNEN		RACHSÜCHTIG		WIDERWILLIG	
20.	WANKELMÜTIG		ARGLISTIG		KRITISCH		BLOSSTELLEND	
SUMME								

Addiere nun die Summe aus beiden Tabellen und trage sie in untenstehendes Kästchen ein. Dann kannst du erkennen, welcher Persönlichkeitsstil in deinem Leben zur Zeit am stärksten ausgeprägt ist.

	INITIATIV	DOMINANT	GEWISSENHAFT	STETIG
SUMME				

Mein hauptsächlicher Persönlichkeitsstil

Berufliche Erfahrungen

Durch deine Schulbildung und Ausbildung hast du Fähigkeiten erworben, die nicht jeder hat.

Schreibe sie in Stichpunkten auf:

Schulbildung:

┈┈⟩

Ausbildung:

┈┈⟩

Vielleicht hast du in manchen Bereichen keine formelle Ausbildung erhalten, verfügst aber trotzdem über Kenntnisse, die nicht jeder hat z. B. im Bereich Technik, Computer, Sprachen, Kosmetik...

Schreibe auf, welche Kenntnisse du hast:

┈┈⟩

Erfahrungen in der Gemeinde

Kommunikation
- [ ] Gemeindezeitung
- [ ] Internet
- [ ] Infotisch
- [ ] Grafik/Layout
- [ ] Lektorat
- [ ] Korrektur
- [ ] Übersetzung
- [ ] Dolmetschen
- [ ] Redaktion

Betreuung
- [ ] Seelsorge
- [ ] Krankenbesuche
- [ ] Lebensberatung
- [ ] Finanzberatung

Technik
- [ ] Tontechnik
- [ ] Multimedia
- [ ] Video
- [ ] Stage-Management
- [ ] Bühnenaufbau
- [ ] Roadies
- [ ] Licht

Musik
- [ ] Solosänger
- [ ] Bandsänger
- [ ] Komponist
- [ ] Arrangement

- [ ] Bandleitung
- [ ] Instrument

Kreativität
- [ ] Raumgestaltung
- [ ] Theater
- [ ] Pantomime
- [ ] Maske
- [ ] Bühnenbild
- [ ] Ausstattung

Administration
- [ ] Sekretariat
- [ ] Empfang
- [ ] Adressverwaltung
- [ ] EDV

Freizeit
- [ ] Sport
- [ ] Party-Organisation
- [ ] Camps
- [ ] Kochen

Unterstützung
- [ ] Bar
- [ ] Infotisch
- [ ] Medienverkauf
- [ ] Begrüssung
- [ ] Reinigungsdienst
- [ ] Logistik
- [ ] Übersetzung
- [ ] Kassetten kopieren

Lehrdienst
- [ ] Predigen
- [ ] Bibellehre
- [ ] Lebensgestaltung
- [ ] Trainingskurse

Pastorale Aufgaben
- [ ] Seelsorge
- [ ] Fürbitte
- [ ] Workshops (Hauskreis)
- [ ] Beratung
- [ ] Kindergruppen
- [ ] Frauengruppen
- [ ] Männergruppen
- [ ] Jugendgruppen

Leitung
- [ ] Gemeindeaufbau
- [ ] Bereichsleitung
- [ ] Prophetischer Dienst
- [ ] Management
- [ ] Gesamtleitung

Weitere
- [ ]
- [ ]
- [ ]
- [ ]
- [ ]
- [ ]
- [ ]

VERFÜGBARKEIT/GEISTLICHE REIFE

Kreuze die Faktoren an, die auf dich zutreffen und bestimmen, wie viel Zeit du für einen Dienst in deiner Kirche zur Verfügung hast.

FAMILIENSTAND
- [ ] SINGLE
- [ ] ALLEINERZIEHEND
- [ ] VERHEIRATET
- [ ] FAMILIE

BERUF
- [ ] SCHICHTDIENST
- [ ] TEILZEITJOB
- [ ] VOLLZEITJOB
- [ ] VOLLZEIT + ÜBERSTUNDEN
- [ ] SONSTIGES

FESTE VERPFLICHTUNGEN
- [ ] FAMILIÄRE VERPFLICHTUNGEN
- [ ] SONSTIGE VERPFLICHTUNGEN
- [ ] FESTE TERMINE (SPORT/HOBBYS)
- [ ] FESTE TERMINE MIT VERWANDTEN/FREUNDEN

WOHNORT
ENTFERNUNG ZUR GEMEINDE
- [ ] WENIGER ALS 10 MINUTEN
- [ ] 10 – 30 MINUTEN
- [ ] 30 – 60 MINUTEN
- [ ] MEHR ALS 60 MINUTEN

Gibt es Verpflichtungen, die du neu überdenken kannst/musst:

···>

Welche Aktivitäten würdest du einschränken/aufgeben, um mehr Zeit für einen Dienst in der Gemeinde zu haben?

···>

Meine Verfügbarkeit pro Woche

- [ ] 1 STUNDE
- [ ] 2 – 4 STUNDEN
- [ ] 4 ODER MEHR STUNDEN PRO WOCHE

- [ ] 0 STUNDEN (DERZEIT), ABER ICH WILL MEIN LEBEN SO ORDNEN, DASS ICH IN ZUKUNFT IN DER GEMEINDE MITARBEITEN KANN.

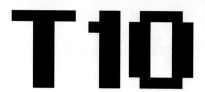

GEISTLICHE REIFE

Der Weg mit Gott ist ein Prozess, auf dem es unterschiedliche Stufen geistlicher Reife gibt.

Unterwegs zum Glauben
Ich interessiere mich für ein Leben mit Jesus, habe aber noch keine Entscheidung dafür getroffen, mein Leben klar unter seiner Führung zu leben.

Am Anfang des Glaubens
Ich habe mich vor Kurzem entschieden, mit Jesus zu leben und gehe die ersten Schritte im Glauben, aber es gibt noch viele Dinge, die ich noch nicht weiss.

Stabil im Glauben
Ich lebe schon seit einiger Zeit mit Jesus und habe Erfahrungen gemacht, die meinen Glauben gestärkt haben. Ich pflege meine Beziehung zu ihm durch Gebet und Bibellesen und will ihn immer besser kennenlernen.

Glauben multiplizierend
Meine Beziehung zu Jesus ist schon sehr stabil. Mir macht es Freude, die Erfahrungen, die ich mit ihm gemacht habe, auch mit anderen zu teilen und sie zu Jesus zu führen oder diejenigen, die schon Christen sind, in ihrem persönlichen Glauben zu stärken und zu ermutigen. Ich will in meiner Beziehung zu Jesus weiterkommen.

Wähle aus, welche der obenstehende Beschreibungen dein Leben mit Gott am besten beschreibt:

·····⟩

Anmerkung/ Ergänzung von dir:

·····⟩

ZUSAMMENFASSUNG

Bitte fülle den untenstehenden Fragebogen sorgfältig aus und gib ihn dem Mitarbeiter in deiner Gemeinde, der für die „Jobberatung" zuständig ist.

NAME, ALTER
·····⟫

ANSCHRIFT [STRASSE, PLZ, ORT, TEL, FAX, EMAIL]
·····⟫

ICH HABE EINE LEIDENSCHAFT FÜR
·····⟫ 1.
2.
3.

MEINE MOTIVATION GESCHIEHT VOR ALLEM DURCH
·····⟫

GEPRÄGT HAT MICH BESONDERS
·····⟫

MEINE GEISTLICHEN GABEN
·····⟫ 1.
2.
3.

MEIN PERSÖNLICHKEITSSTIL IST ÜBERWIEGEND
·····⟫ 1.
2.

MEINE GEISTLICHE REIFE
·····⟫

ICH HABE BEREITS BERUFLICHE BZW. PRAKTISCHE ERFAHRUNG IN FOLGENDEN BEREICHEN:
·····⟫

MEINE VERFÜGBARKEIT PRO WOCHE

☐ **1 STUNDE**
☐ **2 – 4 STUNDEN**
☐ **4 ODER MEHR STUNDEN** PRO WOCHE
☐ **0 STUNDEN** (DERZEIT)

ICH INTERESSIERE MICH BESONDERS FÜR FOLGENDE ARBEITSBEREICHE IN DER GEMEINDE UND KÖNNTE MIR VORSTELLEN, IN EINEM DIESER BEREICHE MITZUARBEITEN:
·····⟫ 1.
2.
3.

ICH WÜNSCHE MIR EIN PERSÖNLICHES BERATUNGSGESPRÄCH, UM MICH FÜR DIE MITARBEIT AM RICHTIGEN PLATZ IN DER GEMEINDE ZU ENTSCHEIDEN.

AM BESTEN IST FÜR MICH EIN ZEITPUNKT

☐ (8.30 – 12.00) ☐ (17.00 – 19.00)
☐ (12.00 – 14.00) ☐ (AB 19.00)
☐ (14.00 – 17.00) ☐ SAMSTAGS
☐ SONNTAGS

NOTIZEN